생활 속의 참선수행 Practice In Daily Life ⑭

The Healing Power of Our Inner Light

병을 고치는 최고의 방법

병을 고치는 최고의 방법

대행큰스님 법문
생활 속의 참선수행 ⑭ / 한영합본

발행일	2018년 5월 초판1쇄
영문번역	한마음국제문화원
표지디자인	박수연
편집	한마음국제문화원
발행	한마음출판사
출판등록	384–2000–000010
전화	031–470–3175
팩스	031–470–3209
이메일	onemind@hanmaum.org

The Healing Power of Our Inner Light
Practice in Daily Life ⑭ / Bilingual, Korean · English
Dharma Talks by Seon Master Daehaeng

First Edition, First Printing: May 2018
English Translation by
Hanmaum International Culture Institute
Edited by Hanmaum International Culture Institute
Cover Design by Su Yeon Park
Published by Hanmaum Publications
www.hanmaumbooks.org

Printed in the Republic of Korea

ISBN 978-89-91857-51-3 (04220) / 978-89-91857-50-6 (set)

국립중앙도서관 출판예정도서목록(CIP)

병을 고치는 최고의 방법 = The healing power of our inner light : 한영합본 / 대행큰스님 법문 ; 영문번역: 한마음국제문화원. -- [안양] : 한마음출판사, 2018
p. ; cm. -- (생활 속의 참선수행 =Practice in daily life ; 14)

한영대역본임
ISBN 978-89-91857-51-3 04220 : ₩6000
ISBN 978-89-91857-50-6 (세트) 04220

법문(불경)[法文]
설법[說法]

225.2-KDC6
294.34-DDC23 CIP2018013158

이 도서의 국립중앙도서관 출판예정도서목록(CIP)은 서지정보유통지원시스템 홈페이지(http://seoji.nl.go.kr)와 국가자료공동목록시스템(http://www.nl.go.kr/kolisnet)에서 이용하실 수 있습니다.(CIP제어번호: CIP2018013158)
A CIP catalogue record of the National Library of Korea for this book is available at the homepage of CIP(http://seoji.nl.go.kr) and Korean Library Information System Network(http://www.nl.go.kr/kolisnet). (CIP2018013158)

The Healing Power of Our Inner Light

Seon Master Daehaeng
대행큰스님 법문

병을 고치는 최고의 방법

한마음
hanmaum

차 례

CONTENTS

누가 하는가요?

그 누가 있어 우리가 볼 수 있게 하는가요

그 누가 있어 우리가 들을 수 있게 하는가요

그 누가 있어 우리가 말할 수 있게 하는가요

그 누가 있어 우리가 살아갈 수 있게 하는가요

지켜보고 지켜보고 또 지켜보세

지켜 보는 당신이 바로 참나이라네

–대행큰스님 게송 중에서

The One that is Truly Doing

Who is the one that enables us to see?

Who is the one that enables us to hear?

Who is the one that enables us to speak?

Who is the one that enables us to live?

Observe, observe, and observe again.

You, observing,

are true self.

– Daehaeng Kun Sunim

머리글

대행큰스님이 지난 50여 년 동안 끊임없이 중생들에게 베풀어 주신 수많은 법문이 있었지만, 핵심을 짚어 내는 하나의 단어가 있다면, 그건 아마도 "참나"일 것입니다. 항상 나와 함께 있어서 보지 못하는 내 안의 진짜 나, 그 "참나"를 발견하여 당당하고 싱그럽게 살아가기를 바라는, 중생을 위한 스님의 간절한 바람은 이 한 편의 법문 속에도 여지없이 드러나 있습니다.

누구에게나 내면에는 만물만생을 다 먹여 살리고도 되남는 마음속 한 점의 불씨가 있습니다. 그 영원한 불씨를 찾아 광대무변한 마음법의 이치를 체득하여, 진정한 자유인으로서, 우주의 한 일원으로서 당당히 그 역할을 해 나가길 바라는 대행큰스님의 간곡한 뜻이 이 법문을 통해 여러분 모두의 마음에 전해지길 바랍니다.

한마음국제문화원 일동 합장

Foreword

Over the last fifty years, Daehaeng Kun Sunim gave countless Dharma talks and teachings to beings without number, but if all those talks could be summed up into one word, it would be "true self."

This true essence has always been with us, yet remains unseen. Discover it for yourself, and in doing so, learn to live with courage, dignity, and joy. That all beings should awaken to this true essence is Daehaeng Kun Sunim's deepest wish. When you've tasted the most refreshing spring water imaginable, you naturally want to share it with others.

Within us all is this seed, this spark that feeds and sustains each and every being. Discover this eternal spark and realize its profound and unlimited ability. If you can do this, you'll know what it means to truly be a free person, and you can fulfill the great role that is yours as a member of the whole universe.

With palms together,
The Hanmaum International Culture Institute

대행큰스님에 대하여

대행큰스님께서는 여러 면에서 매우 보기 드문 선사(禪師)셨다. 무엇보다 선사라면 당연히 비구 스님을 떠올리는 전통 속에서 여성으로서 선사가 되셨으며, 비구 스님들을 제자로 두었던 유일한 비구니 스님이셨고, 노년층 여성이 주된 신도계층을 이루었던 한국 불교에 젊은 세대의 청장년층 남녀들을 대거 참여하게 만들어 한국불교에 새로운 풍격(風格)을 일으키는 데 일조한 큰 스승이셨다. 또한 전통 비구니 강원과 비구니 종단에 대한 지속적인 지원을 펼치심으로써 비구니 승단을 발전시키는 데 중추적인 역할을 하셨다.

큰스님께서는 어느 누구나 마음수행을 통해 깨달을 수 있음을 강조하시면서 삭발제자와 유발제자를 가리지 않고 법을 구하는 이들에게는 모두 똑같이 가르침을 주셨다.

스님은 1927년 서울에서 태어나 일찍이 9세경에 자성을 밝히셨고 당신이 증득(證得)하신

About Daehaeng Kun Sunim

Daehaeng *Kun Sunim*[1](1927 – 2012) was a rare teacher in Korea: a female *Seon*(Zen)[2] master, a nun whose students also included monks, and a teacher who helped revitalize Korean Buddhism by dramatically increasing the participation of young people and men.

She broke out of traditional models of spiritual practice to teach in such a way that allowed anyone to practice and awaken, making laypeople a particular focus of her efforts. At

---

1. Sunim / Kun Sunim: Sunim is the respectful title of address for a Buddhist monk or nun in Korea, and Kun Sunim is the title given to outstanding nuns or monks.

2. Seon(禪)(Chan, Zen)**:** Seon describes the unshakeable state where one has firm faith in their inherent foundation, their Buddha-nature, and so returns everything they encounter back to this fundamental mind. It also means letting go of "I," "me," and "mine" throughout one's daily life.

바를 완성하기 위해 오랫동안 산중에서 수행하셨다. 훗날, 누더기가 다 된 해진 옷을 걸치고 손에 주어지는 것만을 먹으며 지냈던 그 당시를 회상하며 스님은 의도적으로 고행을 하고자 했던 것이 아니라 당신에게 주어진 환경이 그러했노라고, 또한 근본 불성자리에 일체를 맡기고 그 맡긴 일이 어떻게 작용하는지를 관하는 일에 완전히 몰두하고 있었기에 다른 것에는 신경을 쓸 틈이 없었노라고 말씀하셨다.

그 시절의 체험이 스님의 가르치는 방식을 형성하는 데 깊은 영향을 미쳤다. 스님은 우리가 본래부터 어마어마한 잠재력을, 무궁무진한 에너지와 지혜를 가지고 있는데도 대부분이 그 역량을 알지 못해 끊임없이 많은 고통을 겪으며 살고 있음을 절실히 느끼며 안타까워하셨다. 우리들 각자 안에 존재하는 이 위대한 빛을 명백히 알고 있었기에, 스님은 본래부터 가지고 있는 근본자성(自性)인 '참나'를 믿고 의지해 살라 가르치셨고, 이 중요한 진리에서 벗어나는 그 어떤 것도 가르치기를 단호히 거부하셨다.

의도한 바는 아니셨지만, 스님은 매일매일의 일상 속에서 누구나 내면에 갖추어 가지고 있는

the same time, she was a major force for the advancement of *Bhikkunis*,[3] heavily supporting traditional nuns' colleges as well as the modern Bhikkuni Council of Korea.

Born in Seoul, Korea, she awakened when she was around eight years old and spent the years that followed learning to put her understanding into practice. For years, she wandered the mountains of Korea, wearing ragged clothes and eating only what was at hand. Later, she explained that she hadn't been pursuing some type of asceticism; rather, she was just completely absorbed in entrusting everything to her fundamental *Buddha*[4] essence and observing how that affected her life.

---

3. Bhikkunis: Female sunims who are fully ordained are called *Bhikkuni*(比丘尼) sunims, while male sunims who are fully ordained are called *Bhikku*(比丘) sunims. This can also be a polite way of indicating male or female sunims.

4. Buddha: In this text, "Buddha" and "Bodhisattva" are capitalized out of respect, because these represent the essence and function of the enlightened mind. "The Buddha" always refers to Sakyamuni Buddha.

근본이자 진수(眞髓)인 참나와 진정으로 통할 수 있게 되었을 때 어떠한 일이 일어나는지를 역력히 보여 주셨다. 사람들은 스님 곁에 있을 때 자신들을 무한히 받아 주고 품어 주는 것만 같은, 말로 형언키 어려운 정밀(靜謐)한 기운을 느꼈고, 스님이 다른 사람들을 도와줄 때 드러내 보이는 깊은 법력 또한 목도하곤 하였다. 하지만 이 모든 일들은 당신 자신을 돋보이게 하거나 과시하려 했던 게 아니었다. 사실 스님께서는 당신의 법력을 늘 감추려고 하셨다. 마음공부의 목적이 놀라운 능력을 갖게 되는 것이 아님에도 대중들이 그것에만 집착하게 되는 폐단을 우려하셨기 때문이었다.

그렇지만 당신이 하신 모든 일을 통해, 우리가 내면에 있는 근본과 진정으로 하나가 되었을 때 그 능력과 자유로움이 어떤 것인지를 보여 주셨다. 스님은 우리 모두가 근본을 통해 연결되어 있으므로 다 통할 수 있고, 그럼으로써 서로 깊이 이해할 수 있다는 것을 보여 주셨으며, 더 나아가 우리가 근본자리에서 일으키는 한생각이 이 세상에 법이 되어 돌아갈 수 있다는 것도 보여 주셨다.

Those years profoundly shaped Kun Sunim's later teaching style; she intimately knew the great potential, energy, and wisdom inherent within each of us, and recognized that most of the people she encountered suffered because they didn't realize this about themselves. Seeing clearly the great light in every individual, she taught people to rely upon this inherent foundation, and refused to teach anything that distracted from this most important truth.

Without any particular intention to do so, Daehaeng Kun Sunim demonstrated on a daily basis the freedom and ability that arise when we truly connect with this fundamental essence inherent within us.

The sense of acceptance and connection people felt from being around her, as well as the abilities she manifested, weren't things she was trying to show off. In fact, she usually tried to hide them because people would tend to cling to these, without realizing that chasing after them cannot lead to either freedom or awakening.

어떤 의미에서는 이 모든 일이 우리가 만물만생과 정말로 하나가 되었을 때 자연스레 부수적으로 나오는 것이라고 할 수 있다. 상대를 둘로 보거나 방해물로 여기는 마음이 사라졌을 때, 진정으로 모두와 조화롭게 흘러갈 수 있게 되었을 때 이 모든 일이 가능할 수 있게 되는 것이다. 이렇게 되면, 다가오는 상대가 누구든 별개의 존재로 느끼지 않게 된다. 그들이 또 다른 우리 자신들의 모습이기 때문이다. 일체가 둘이 아님을 뼛속 깊이 느끼는 사람이, 어찌 자신 앞에 닥친 인연을 나 몰라라 하고 등져 버릴 수 있겠는가?

스님은 중생들이 가지고 오는 어려운 문제나 상황들을 해결할 수 있도록 도와 주셨으며, 이러한 스님의 자비로운 원력은 당신이 도시로 나와 본격적으로 대중들을 가르치기 이전에 이미 한국에서는 전설이 되어 있었다. 1950년대 말경, 치악산 상원사 근처 한 움막에서 수행차 몇 년간 머무르신 적이 있었는데, 그 소문을 듣고 전국에서 찾아오는 사람들이 끊이질 않았다. 차마 그들의 고통스런 호소를 내칠 수가 없었던 스님은 일일이 그들의 말에 귀기울이며 마음을

Nonetheless, in her very life, in everything she did, she was an example of the true freedom and wisdom that arise from this very basic, fundamental essence that we all have – that we are. She showed that because we are all interconnected, we can deeply understand what's going on with others, and that the intentions we give rise to can manifest and function in the world.

All of these are in a sense side effects, things that arise naturally when we are truly one with everyone and everything around us. They happen because we are able to flow in harmony with our world, with no dualistic views or attachments to get in the way. At this point, other beings are not cut off from us; they are another aspect of ourselves. Who, feeling this to their very bones, could turn their back on others?

It was this deep compassion that made her a legend in Korea long before she formally started teaching. She was known for having the spiritual power to help people in all circumstances and with every kind of problem. She compared compassion to freeing a fish from a drying

다해 그들을 도와 주셨다. 스님은 자비를 물 마른 웅덩이에서 죽어 가는 물고기를 살리는 방생에 비유하셨다. 집세가 없어 셋집에서 쫓겨난 사람들에게 집을 마련해 주고, 학비가 없어서 학교를 마칠 수 없는 학생들에게 학비를 대주셨지만, 스님의 자비행(慈悲行)을 아는 사람은 손에 꼽을 정도밖에 되지 않았다.

그러나 문제를 해결해 주면 그때뿐 또 다른 문제가 닥쳐오면 속수무책이 되어 버리고 마는 사람들을 보며, 스님께서는 중생들이 자신의 문제를 스스로 해결하고 **윤회**(輪廻)[1]의 굴레에서 벗어나 자유인이 될 수 있는 도리를 가르치는 일이 더 시급함을 느끼셨다. 누구나가 다 가지고 있는 '참나', 이 내면의 밝디밝은 진수(眞髓)를 알게 하여, 자신들이 자유롭게 사는 것은 물론이요, 자신들의 삶이 인연 맺은 모든 이에게 축복이 되어 이 한세상을 활달히 살아갈 수 있도록 해야겠다고 다짐하셨다.

---

1. **윤회**(輪廻): 산스크리트의 삼사라(samsara)를 번역한 말로 쉼 없이 돈다는 생사의 바퀴를 뜻함. 다시 말해, 수레바퀴가 끊임없이 구르는 것과 같이, 중생이 번뇌와 업에 의하여 삼계(三界: 색계, 욕계, 무색계) 육도(六道: 지옥, 아귀, 축생, 아수라, 인간, 천상)라는 생사의 세계를 그치지 않고 돌고 도는 현상을 일컬음.

puddle, putting a homeless family into a home, or providing the school fees that would allow a student to finish high school. And when she did things like this, and more, few knew that she was behind it.

Her compassion was also unconditional. She would offer what help she could to individuals and organizations, whether they be Christian or Buddhist, a private organization or governmental. She would help nun's temples that had no relationship with her temple, Christian organizations that looked after children living on their own, city-run projects to help care for the elderly, and much, much more. Yet, even when she provided material support, always there was the deep, unseen aid she offered through this connection we all share.

However, she saw that ultimately, for people to live freely and go forward in the world as a blessing to all around them, they needed to know about this bright essence that is within each of us.

마침내 산에서 내려온 스님께서는 1972년 경기도 안양에 한마음선원을 설립하셨다. 이후 40여 년 동안 한마음선원에 주석하시며, 지혜를 원하는 자에게 지혜를, 배고프고 가난한 자에게는 먹을 것과 물질을, 아파하는 자에게는 치유의 방편을 내어 주시는 무한량의 자비를 베푸시며 불법의 진리를 가르쳐 주셨다. 스님은 도움이 필요한 다양한 사회복지 프로그램을 후원하셨고, 6개국에 10개의 해외지원과 국내 15개의 지원을 세우셨다. 또한 스님의 가르침은 영어, 독어, 스페인어, 러시아어, 중국어, 일본어, 인도네시아어, 불어, 이태리어, 베트남어, 체코어 등으로 번역 출간되었다. 스님은 2012년 5월 22일 0시, 세납 86세로 입적하셨으며, 법랍 63세셨다.

To help people discover this for themselves, she founded the first *Hanmaum*[5] Seon Center in 1972. For the next forty years she gave wisdom to those who needed wisdom, food and money to those who were poor and hungry, and compassion to those who were hurting.

---

5. Hanmaum[han-ma-um]**:** *Han* means one, great, and combined, while *maum* means mind, as well as heart, and together they mean everything combined and connected as one.

What is called *Hanmaum* is intangible, unseen, and transcends time and space. It has no beginning or end, and is sometimes called our fundamental mind. It also means the mind of all beings and everything in the universe connected and working together as one. In English, we usually translate this as *one mind*.

본 저서는 대행큰스님의 법문을
한국어와 영어 합본 시리즈로 출간하는
〈생활 속의 참선수행〉시리즈 제14권으로
1994년 10월 16일 정기법회 때 설하신 내용을
재편집한 것입니다. 몇 개의 질문은 다른 법문에서
발췌해 추가하였습니다.

This Dharma talk was given by
Daehaeng Kun Sunim on Sunday, October 16, 1994,
with some related questions added from other talks.
This is Volume 14 in the ongoing series,
Practice in Daily Life.

Daehaeng Kun Sunim founded ten overseas branches of Hanmaum Seon Center, and her teachings have been translated into twelve different languages to date: English, German, Russian, Chinese, French, Spanish, Indonesian, Italian, Japanese, Vietnamese, Estonian, and Czech, in addition to the original Korean. For more information about these or the overseas centers, please see the back of this book.

병을 고치는 최고의 방법

1994년 10월 16일

여러분! 우리 만물만생은 일체제불과 더불어 원래 한자리로 돌아가게 돼 있습니다. 그런데 오늘같이 비가 많이 오는 날에도 아랑곳하지 않고 여기 이렇게 와계신 걸 보니, 이 진리를 공부하고자 하는 여러분의 깊은 **마음**[2]을 역력히 느낄 수 있습니다.

물론 비가 오고 안 오고는 자연의 현상이라 평상시엔 특별히 신경 쓸 일이 아니겠으나, 사람들이 죽을 정도로 너무 많이 온다면 우리 모두 비가 그치도록 마음을 내야 되겠지요.

---

2. 마음: 단순히 두뇌를 통한 정신활동이나 지성을 일컫는 말이 아니라, 만물만생이 지니고 있으며, 일체 만법을 움직이게 하는 천지의 근본을 뜻함. '안에 있다, 밖에 있다.' 혹은, '이거다 저거다' 라고 말할 수 없으며 시작과 끝이 없고 사라질 수도 파괴될 수도 없음. 시공을 초월하여 존재함.

The Healing Power of Our Inner Light

October 16, 1994

Everyone! You, me, the *sunims*[6] here, and all Buddhas are inherently connected as one through this foundation we all have. To see you here, on this rainy day,[7] making such efforts to learn more about this and experience it for yourselves, well, it warms my heart.

If it were raining so heavily that people might be hurt, then we should all deeply input the thought that the rain should stop. Yet, today isn't so bad, and, from one perspective, coming here in the rain has been a good opportunity for you to exercise your determination! You are all so wonderful! In

---

6. Sunim / Kun Sunim: Sunim is the respectful title for a Buddhist monk or nun in Korea, and Kun Sunim is the title given to outstanding nuns or monks.

7. This was a very large, outdoor Dharma talk.

하지만 오늘은 그 정도로 비가 많이 오지 않아 다행입니다. 하여튼 여러분 장하십니다. 그래도 이렇게 오는 비를 헤치고 멀리 여기까지 오셨으니 마음의 정성을 스스로 시험해 보는 것도 되겠습니다. 어떻게 생각하면 여러분들이 스님들보다도 더 신심이 돈독하지 않나 하는 생각이 듭니다. 감사합니다.

제가 항상 말씀드리듯이 이 우주에는 과거, 현재, 미래를 같이 싸 가지고 돌아가는 큰 중심 주처가 있습니다. 그리고 그 중심 주처는 우리들의 중심 주처와 직결돼 같이 돌아가도록 되어 있습니다. 중심 주처는 크고 작고 이럴 뿐 만물 만생 모두에게 있는데, 작은 자기 중심 주처와 우주의 큰 중심 주처가 둘이 아니게 연결돼 같이 돌아가는 겁니다.

제가 전에도 얘기했지만, 이것을 잘 아시고 생활을 한다면, 생활하는 그 곳에 바로 도(道)가 있게 된다는 사실입니다.

우리들의 마음과 더불어 곤충에 이르기까지 일체 만물만생의 마음, 그 중심 주처는 서로 연결되도록 가설이 돼 있어, 보이는 데서나 안 보이는 데서나 서로 교환하고 통하면서 같이

a way, I think you are more devout than sunims. Thank you.

As I'm always telling you, there is something very fundamental that encompasses the whole universe, including time as well. And this fundamental essence is directly connected to our center, our foundation, and functions as one with it. The only difference between this fundamental essence of the universe, and your fundamental essence, is the scale of their functioning. They don't exist apart.

If you live in accord with this, then the path you need will exist right there in the middle of all the stuff you're experiencing each moment.

All lives and things have this foundation to them. And through this foundation, we are connected to each other, and so can communicate and work together with everything in both the visible realms as well as the unseen realms.

You may wonder why I'm talking about things you already know, but it's because this foundation, and the fact that we have it, is what makes everything else in our world possible. It's what connects everything and holds it together.

돌아가고 있습니다. 그런데 새삼스럽게 왜 또 이 얘기를 하나 하시겠지만, 이처럼 만물만생이 하나로 통하는 중심 주처, 근본이 있기에 일체가 다 거론되기 때문입니다.

화엄경(華嚴經)[3]에도 있듯이 산·천·초·목 등 만물만생에는 각 분야마다 소임을 맡아 관리하는 중심처가 있습니다. 그것을 '주신'(主神)이라고도 하는데 주어진 갖가지 천차만별의 이름들이 하나도 버릴 게 없이 각자의 일들을 맡아 하고 있습니다.

또 이 '주신'(主神)들은 서로 통해 있어 같이 만나기도 하고 교류도 하는데 이것을 '주주신'(主主神)이라고도 합니다. 이런 것들을 어떻게 부르든 그건 중요하지 않습니다. 중요한 건 우주 전체가 주처를 통해 직결되어 같이 돌아간다는 겁니다.

---

3. **화엄경**(華嚴經): 석가모니 부처님께서 깨달으신 광대무변한 진리의 세계를 설한 대승경전.

As it says in the *Flower Garland Sutra*, each and every living thing, along with each and every place, has this centered, fundamental *mind*[8] of its own. This is often given different names, and so people mistake it for some kind of outside entity. It's the unique centered mind of each living being, and each area, that is responsible for managing and taking care of that. The fundamental essence of each is connected to every other, exchanging energy and always communicating. And, according to the needs of the times, if these all become one and work together, they can become a truly great energy.

Further, if you make this fundamental mind your center, then outside things dare not enter, and those harmful things latent within you will just sleep quietly, not daring to manifest.

If you don't gather everything together into this one place and raise it up, what happens? You can't

---

8. Mind(心)(Korean – *maum*)**:** In Mahayana Buddhism, "mind" refers to this fundamental mind, and almost never means the brain or intellect. It is intangible, beyond space and time, and has no beginning or end. It is the source of everything, and everyone is endowed with it.

그런데 우리 모두가 이 중심처를 본래 다 갖고 있기는 하지만, 내가 주인으로 세워 놓지 않는다면 그 역할을 하지 못합니다. 이건 자기가 생각을 해서 세워야 세워지는 겁니다.

만약 이 도리를 모르고 내 주처를, 주인을 세워 놓지 않는다면 어떻게 될까요? 예를 들어, 어느 집에 주인이 없는 걸 알면 결국 아무나 들락날락하겠죠? 우리 생명체도 그래요. 주인을 딱 세워 놓지 않으면 영계성이라든가 세균성, 업보성, 인과성, 윤회성으로 인한 여러 가지 것들이 제집 드나들듯 들어왔다 나갔다 하면서 모두 엉망으로 만들어 놓아요. 하지만 주인이 있으면 그렇게 못하죠.

내 중심에 주처를 세워 놓는다면 절대 바깥에서 마음대로 들어와 감히 그 자리에 나설 수가 없습니다.

생명을 갖고 태어났어도 생각을 내지 않으면 소용이 없습니다. 생각이 있어야 몸도 움직이고 여러 가지 작용을 할 수 있습니다. 아무리 전력이 태산같이 많아도 생각을 안 내면 끌어다 쓸 수가 없습니다.

gather energy together. It's like there is nobody home, like the owner of the house has stepped out and left everything unlocked. So, others can freely wander in and out, tearing the place apart. Spirits of the dead wander in and try to live there, and all kinds of other problems related to germs, karmic states of consciousness, and the conditioned nature of existence start manifesting every which way. All of which ends up tearing apart your body and spirit.

Although everyone is endowed with this fundamental mind, if you don't raise it up, it can't perform its role. You have to give rise to the thought to do this, in order for that to happen.

Even though you managed to be born into this world, if you don't raise the intention to address whatever is confronting you, then nothing will happen. It's only after you give rise to a thought that you can take some action.

Even if there were unlimited electricity available, you couldn't draw upon that and use it without first giving rise to the intention to use it. Like the relationship between a house, a light bulb, and the power grid, all beings and things

일체 만물만생의 중심 주처가 다 같이 연결이 되도록 가설돼 있지만 내가 생각을 내지 않는다면 불을 켤 수가 없습니다. 에너지를 끌어다 쓸 수가 없는 겁니다. 제대로 작용을 할 수가 없습니다. 이러한 마음 작용은 과학이고 철학이에요. 물질을 과학의 기본으로 배우는 요즘 사람들에게는 이해되기 어려울 수도 있겠지만 마음의 작용이 모든 것의 기본입니다.

이것이 기본으로 모든 일상에 종합해서 들어가 있는 거지요. 그래서 우리가 생활을 떠나서는 아무것도 없다고 하는 겁니다.

그러나 이러한 생활도 내가 이 세상에 태어났기에 있는 겁니다. 내가 이 세상에 태어나지 않았으면 상대도 없고 세상도 없습니다. 내가 없는데 뭐가 있습니까? 내가 없는데 무슨 상대가 있고 부처가 있고 세상이 있겠습니까? 사실, 내가 없으면 잘하고 못하고도 없습니다. 그런데 여러분이 지금 이 자리에 있으니만큼 이왕이면 내가 갖고 있는 걸 최대한 잘 활용하면서 제대로 살아야 하지 않겠습니까?

are connected through this foundation that we all have. But, if you don't give rise to the intention, you can't turn on the light – you can't put it to work. Only after giving rise to the intention to use that energy, can you draw upon it and use it as needed. The workings of this foundation are the basis of everything in the material world, as well as all sciences and philosophies.

The workings of your foundation underlie everything in your daily life. This is why we always say that you have to practice with what's right here in your daily life. What could you hope to find by ignoring this and looking around somewhere else?

But even your daily life is happening because you were born into this world. You're experiencing all kinds of good and bad things because you are here. It's you! Because you exist, you can experience all those things. It's you who encounters others, who meets the Buddha, and who experiences the world. None of this would matter if we hadn't been born, but since we're already here, shouldn't we try to leap as far and as high as we can?

그래서 여러분에게 "내 집부터 먼저 주처를 세워 놓아라." 하는 겁니다. 누구나가 다 중심을 가지고 있어요. 위로는 한 우주를 꿰고 아래로는 기둥이 딱 딛고 있지요. 하지만 많은 사람들이 그 중심 주처를 세우지 않고 그냥 허랑방탕하게 살고 있습니다. 주처를 세워 그 에너지를 끌어다 쓰질 못하고 있어요. 일체가 연결돼 있으니, 주처는 움직이지 않고 힘만 배출할 수 있는데 말입니다.

예를 들어 꽉 잡아 주는 바퀴 축이 있기에 수레가 움직일 수 있듯이, 우리도 내 안에 기둥을 딱 세우면 그것이 우리를 끌고 가는 몸뚱이 역할을 하면서 수레같이 돌아가게끔 하는 겁니다. 여러분들이 지금 그렇게 돌아가고 있습니다.

인간뿐만 아니라 모든 생명체들이 살아 나가는 데는 상대성이 있습니다. 그냥 내가 어떻게 하느냐에 따라 연결돼 돌아가는 모든 것들이 상대적으로 달라지기 때문에, 높아지고 낮아지고, 넓어지고 좁아지고, 커지고 작아지고, 잘한 거고 못한 거고 이렇게 되는 겁니다.

This is why I'm always telling you that you have to start with yourself, and gather everything together into this fundamental mind of yours. Although everyone has this, instead of raising it up and putting it forward, they often just spend their time leading dissolute lives.

Above, this centered mind reaches all the universe, and below, it is firmly connected to all the earth. To put it another way, it's like a pillar reaching through all realms, connected to absolutely everything. But nonetheless, if you haven't raised it up, you can't draw upon its energy.

It penetrates all realms, and, like the axle of an old-fashioned cart, it provides the strength that allows us to function without hindrance. Raising up this fundamental mind is what guides us and allows us to work together with the energy of the universe.

I'm telling you this because we, as well as everything else, are one connected whole that is continuously reacting to each other. Big, small, wide, narrow, doing well, doing badly – all of this changes according to what we do and the

그러니까 우리 마음의 주처, 즉 **주장자**(柱杖子)[4]를 세우십시오. 모든 게 달라집니다. 위 아래를 받치며 우주를 꿰고 있는 주처와 직결이 돼 그 에너지를 자유자재로 끌어 쓸 수 있으니 그 마음이 바로 **보현신**(普現身)[5]이 되고 **법신**(法身)[6]이고 **화신**(化身)[7]이 됩니다. 시공간을 초월해 삼세가 일심으로 돌아갈 수 있는 거지요. 이렇게 큰마음이 되면 인과성이나 윤회성, 세균성, 업보성, 영계성 같은 것으로 오는 잡다한 것들이 붙을 자리가 없어요. 삶이 같질 않아요. 그런데 이 주처를 세우지 않고 그냥 사는 사람들은 당연히 다르게 살겠죠.

---

4. **주장자**(柱杖子): 일반적으로 선사(禪師, 스님)들이 좌선할 때나 설법할 때 들고 다니는 지팡이를 말함. 행을 통해 흔들리지 않는 마음의 중심이 서게 되는 것을 뜻함. 마음공부 과정에서는 안팎에서 일어나는 모든 문제를 내면의 근본마음 한 곳에 맡겨 놓는, 참선수행을 통해 흔들리지 않는 마음의 중심이 서게 되는 것을 말함.

5. **보현신**(普現身): 모든 것을 자기의 근본자리에 놓았을 때 한 생각에 따라 현실로 화(化)하여 드러나는 것.

6. **법신**(法身): 부처의 몸이 다양한 중생들을 구제하기 위하여 여러 모습으로 나타난다고 하는데, 응신(應身), 보신(報身) (혹은 화신(化身))과 함께 삼신(三身)중의 하나. 진리를 체득한 깨달음의 본질이 현실에서 작용하게 되는 것으로, 대행큰스님은 근본자리에서 올라오는 마음이 발현되는 것이 법신이라고도 설명하심.

7. **화신**(化身): 보현신과 동일함.

thoughts we give rise to. When we bring forward this fundamental mind of ours, it connects with the foundation that penetrates the heavens and the earth, and that energy becomes available to be used as needed. And as we respond with this energy to the needs of the world, we naturally fulfill the roles of the Bodhisattvas.

In becoming this great mind, where the past, present, and future all function together as one, there's no place for anything to stick to. Karma, genetics, microbes, ghosts, whatever – all of these will fall asleep. Yet people who don't bring forward their fundamental mind will likely have a different experience of life.

I'm sorry if I repeat myself, but although we're all inherently endowed with this fundamental mind, you have to practice and give rise to the thought that you want this essence to come forward. All your thoughts and feelings are ready to work together as one, and when you rely upon this essence and entrust it with all of those things, it makes that happen. With everything working together as one, how could dust or grime not be transformed? When people practice relying upon

다시 얘기하지만, 주처는 본래 있는 건데 이 **마음공부**[8]를 하면서 내가 생각으로, 의지적으로 주처를 세워 놓는 이유는 자기 모든 마음을 거기다가 포함시켜 같이 돌리기 위함입니다. 그러면 그대로 하나가 되어 돌아가기 때문에 먼지도, 번뇌도 따로 붙어 있을 자리가 없는 거지요. 유전성, 인과성, 윤회성, 업보성, 영계성으로 오는 그 어떤 것도 붙을 틈이 없고, 따로 존재하지도 않습니다. 모든 게 하나로 돌아가는 자리니까요.

여러분, 생각을 잘해 보십시오. 이 마음이 얼마나 위대한지 아십니까? **한생각**[9]이 빛보다 더 빠르게 우주도 점프해서 넘어갈 수가 있습니다. 설사 과학이 많이 발전해 빛에너지로 바꿔어

---

8. 마음공부: 진정한 자유인이 되기 위해 자신의 마음이 어떻게 작용하고 변하는지를 관찰하고 배우며, 그것을 실제 생활 속에서 응용하고 체험해 보면서 알아가는 모든 과정을 뜻함.

9. 한생각: 어떤 생각을 우리들 내면의 근본 자리에 입력시키거나 맡겨 놓았을 때, 근본을 통해 나오는 생각은 우리들 몸속의 모든 생명들뿐만 아니라 이 세상의 만물만생에 전달되며, 일체가 그 생각에 응하게 됨. 보이지 않는 정신계, 즉 우리들 근본마음을 통해 일으켜지는 생각은 물질계에서 현실로 나타나게 됨. 이렇게 근본을 통해 나오게 되는 생각을 한생각이라 함.

their fundamental mind, how could delusions or problems caused by genetics, karma, or the conditioned nature of existence exist as some separate thing that could cause suffering?

Do you have any idea how great your mind is? A single thought of yours can cross the entire universe in an instant. The speed of light is nothing by comparison. Even light can only move so fast and no faster. And, it can only go where there's nothing; it is easily blocked. But your mind is infinitely faster; one thought from your foundation can enter the ground or the water and look all around.

How can words possibly describe all of this? Yet I have to use words anyway, to try to get people pointed in the right direction. So even if what I say sounds strange, please try to listen with an open mind and wisdom. Even though I only talk about one thing, know that there are ten more points connected to that. As I said before, if we don't practice relying upon our fundamental mind, and don't try to bring this fundamental mind forward, we end up as empty houses.

간다 해도 빛의 속도만큼밖에 갈 수 없고 또 갈 수 있는 곳만 가는 겁니다. 그런 방식으로는 가다가도 끊어질 수가 있어요. 그러나 빛보다 더 빠른 마음은 가고 옴이 없이 땅속이든지 물속이든지 어디든지 갈 수 있고 한생각에 두루 한 눈으로 볼 수가 있는 겁니다.

그 광대한 법을 어떻게 말로 다 하겠습니까마는 말로 설명을 하자니 그렇다는 겁니다. 그러니 내 말이 이상해도 벽을 치면 **봇장**[10]이 울리도록 마음을 넓혀서 지혜롭게 들으세요. 아까도 얘기를 했지만 이 공부를 안 하는 분들은 주인을 세워 놓지 않아서 집이 비어 있어요.

내가 예전에도 얘기했죠? 우리가 과거에 어떻게 살았느냐에 따라서 자동적으로 입력이 되었던 것들이 입력된 대로 가차 없이 나오는 거라고요. 윤회성이나 영계성 등 어떤 형태로든 입력된 모든 것이 그냥 자동적으로 나오게 돼 있습니다. 그것은 독 안에 들어도 못 면합니다.

---

10. 봇장: 들보 혹은 대들보의 다른 말. 집을 지을 때에 칸과 칸 사이에 두 기둥을 가로지르는 나무. 도리와는 'ㄴ' 자로, 마룻대와는 '+' 자 모양을 이루는 나무.

Everything about how you're living is automatically input into your foundation and recorded there. Later it all ruthlessly comes back out. Whatever you're experiencing, whether it's related to karma or to ghosts, all of that is automatically coming out according to how it was input. There's nowhere you can hide from this. Although it's true that the past doesn't exist because it's already gone, and the future doesn't exist because it hasn't come yet, right now, all of these karmic echoes are within you and keep relentlessly coming out again and again. So where could you hide? Even if you crawl inside of a barrel and pull the lid in tight after you, they'll still find you.

However, if we can bring forward this fundamental mind, so that it can work together with the foundation of the entire universe, then even if those kinds of things arise, they won't cause any problems. Should some problem occur nonetheless, you'll be able to take care of it immediately.

But if there is no owner in your home, then any passing spirits can enter and live there as if it

사실 과거는 지나갔으니까 없도록 돼 있는 거고 미래는 오지 않았으니까 없도록 돼 있는 건데, 현재의 내 안에, 지금 여러분들 안에 모든 게 들어 있어 가차 없이 자꾸자꾸 나오니 그걸 어떻게 면할 수 있겠습니까?

우리가 주인을 세워 그 직결되어 있는 우주의 근본과 더불어 같이 돌아가게 해 놓으면 그러한 일이 없게 되고, 또 만약 어떠한 일이 생긴다 하더라도 빨리 대처할 수 있게 됩니다.

내 집에 주인이 없으면 과거의 인과로써 영계가 드는 수도 있고, 길에 오다 가다가 그냥 떠도는 영계가 드는 수도 있습니다.

차에 치여 죽은 영계가 착(着)을 두고 그 자리를 떠나지 못해 드는 수도 있고, 나무에 목신(木神)이 되어 붙어 있다가 들어오는 수도 있습니다.

눈에 보이진 않지만 지금 현상계에서 생기는 일입니다. 가뜩이나 속에서 나오는 것도 많은데 내 집이 빈집이 되면 바깥에서 영계가 자꾸 드나들게 되어 어떻게 대처할 수가 없는 겁니다. 이렇게 영계성, 윤회성, 인과성으로 들어온 것은 병원에 가도 어렵습니다. 몸에서 난 병이라야 병원에 가서 치료를 할 수 있는데 말이에요.

were their own home. Sometimes people encounter spirits because of past karma, and sometimes it happens through a chance encounter with a spirit who is stuck where they died.

Spirits may cling to the place they died, especially in the case of car accidents, or, if they died in the mountains, they may have been trying to live in a tree. When these kinds of spirits meet a person who is an empty house, they try to move in, thinking that space is available.

Even though you probably can't see things like this, they're happening all the time. So on top of all the other things that are caused by past input, if you're living like an empty house, you may have other problems caused by spirits trying to wander in. Doctors and hospitals can easily treat illnesses that have ordinary causes, but they are helpless in the face of problems caused by karma and spirits.

Worse, if one spirit can enter you, then others can as well. So some people end up with two or three spirits living in their body, as if it were the spirits' own home. So, from the outside, it seems like the person will say one thing, but then follow that with something completely unrelated. They

게다가 이런 식으로 들어온다든가 하면 하나로 끝나는 게 아니라 한 집에 둘셋씩 내 집이라면서 사는 식구들이 생긴단 말입니다. 그러면 어떻게 되느냐. 이 사람이 내 집이라고 살 때는 이 소리 하고, 또 딴 사람이 내 집이라고 살 때는 내가 제일이라고 딴소리하고, 이렇게 자꾸 내가 바뀌니 미쳤다고 하는 거죠. 정신이 부지를 못하니까 결국 육신도 망가지게 됩니다. 집 전체가 망가져요.

나가라, 들어와라, 이래라 저래라 하니까 이거는 견뎌 낼 수가 없는 겁니다. 그러니까 당하는 그 사람만이 아니라 주위의 식구들까지도 **지망년**(至亡年)[11]을 당하는 거예요.

살아가면서 유전이 돼서 들어오든, 바깥에서 들어오든, 안에서 일어나든 이런 모든 것들은 보이는 게 아니다 보니 그게 나라고 하면 나라고 곧이듣는 게 인간입니다. 일체가 다 화해서 부모가 됐다 자식이 됐다 이렇게 윤회를 하면서 가져온 그 인과성은, 때에 따라서는 삼촌으로도 나오고 할아버지로도 나오고 아버지로도 나오고

11. **지망년**(至亡年): 운수가 몹시 나쁜 해.

may shout out weird things like, "This is mine!" or "Get out!" They'll seem crazy, and their body often becomes ruined.

Those spirits will all be trying to tell them to do different, contradictory things, like, "Go here!" "Do this!" "Stop!" Struggling to deal with this becomes exhausting and harder to resist. So not only does the person suffer, but the people in their lives also have a hard time. This is what can happen if we lose our sense of centeredness.

As we've lived and evolved, we've had all kinds of shapes and created all sorts of karmic effects. Sometimes we experience these as they arise within us, and sometimes those effects come to us from the outside. But since those karmic echoes aren't things we can easily see and differentiate, we often mistake them for our own thoughts and feelings. We assume those are "me." Or, if someone hears a voice say, "I'm your dead cousin," they tend to believe it because they're unable to see what's really at work.

If you have a problem that's arisen from the unseen realm, then that very same unseen realm is where you have to solve it. If you've raised unwise

뭐, 누구로도 나오고 이러는 거지요. 그런데 여기서는 어떤 다른 것이 내가 좋아하는 이름, 누구를 대면서 그 사람이라고 하면 보이지를 않으니까 곧이듣게 되는 겁니다.

보이지 않는 데서 이 문제가 생긴 거는 보이지 않는 데서 해결을 해야 합니다. 마음과 마음이 인과성으로 벌어진 것은 마음과 마음이 해결을 해야 하고, 영계성으로 벌어진 거는 그 영계 문제를 해결해야 되는 겁니다.

그런데 이 공부를 안 하시면 그런 문제를 대처할 수 있는 도리를 도무지 모르기 때문에, 이거는 해결할 수가 없는 거지요. 그러니까 망하고 흥하는 것은 여러분들의 마음에 달려 있다는 겁니다.

예전에 석가모니 부처님께서 말씀하시기를 "너부터 알아라. 너부터 알고 너부터 믿고 너부터 그 본래 있는 거를 찾는다면 이 세상 우주 만물이 돌아가는 그 섭리를 너 자신이 잘 알게 되리라. 그럼으로써 자유스럽게 살 수 있느니라. 그렇게 자유인이 된다면 네가 바로 부처이니, 네 한생각에 법신이 되고 그러면 그 법에 의해서 움직이는 그 자유로운 작용이 스스로 되느니라." 라고 하셨습니다.

thoughts toward others, and are now suffering because of those, then the solution, too, lies in how you use your mind. If you are suffering because of ghosts, then the solution lies in helping the ghosts move forward. But you won't have a clue about how to do all of this if you aren't relying upon your foundation.

Without this, there is no lasting way to take care of any of these problems. It all comes down to how you use your mind. Success, growth, and warmth all begin with you. As do failure, decline, and suffering.

This is why Sakyamuni said to know yourself first. If you know yourself, if you have faith in your inherent foundation and awaken to it, then you will be able to understand the workings of the entire universe. Then you can become free. If you can live as a true, free person, you are a Buddha, and a single thought of yours will manifest into the world and become reality. You will be able to freely respond to the needs of everyone and everything you encounter.

So, how could you turn your back on this practice? I hope that none of you will step back

그런데도 이 공부를 안 하시겠습니까? 이런 중대한 문제가 있는데도, 부처님이 일러 주신 그 뜻을 우리가 어떻게 헤아리느냐고 하면서 물러서는 사람이 없으면 좋겠습니다.

거듭 말하자면, 우리가 석가모니 부처님의 뜻을 깊이 깨닫고 시대가 바뀌는 걸 순응하면서 우리 마음들이 대처할 수 있는 방안을 세워야만 되지 않을까 생각합니다. 공부한다고 옛날처럼 화두를 쥐거나 해서 될 일이라면 얼마나 좋겠습니까? 그러나 지금은 안방에서 세계를 보는 시대라 그런 식으로 하면 큰 수확 없이 그냥 그냥 빈 거로 돌아갈 겁니다.

사실 우리들이 이 세상에 출현한 자체가 바로 화두입니다. 내가 이렇게 나오긴 했는데 도대체 내가 어디서 왔는가? 내가 지금 무엇을 하고 어디로 가는가? 이것부터 알아야지요. 이건 쏙 빼고 '부처님 날 좀 잘 되게 해 주십시오. 내 병고 좀 낫게 해 주십시오.' 하면서 아무리 부처님 이름을 불러도 그 자리에서는 끄떡도 하지 않습니다. 부처님과 통하지 않습니다.

from this practice because of foolish thoughts such as, "How could someone like me ever understand what the Buddha said?"

You have to awaken to the deep implications and ability that the Buddha talked about, and then pay attention to the world and respond in a way suitable to these changing times. In some ways, it would be nice if we could just practice with a *hwadu*[9] like in the old days. But in this era, when you can view the entire world from your living room, if you practice like that, you'll just pass your days without anything to show for it.

Actually, being born into this world is itself a hwadu. "What led you to being reborn here?" "What are you truly doing now?" And, "Where are you headed?" These are the questions you have to start with. You can discover the answers to them

---

9. Hwadu(話頭) (C. –hua-tou, J. –koan)**:** Traditionally, the key phrase of an episode from the life of an ancient master, which was used for awakening practitioners, and which could not be understood intellectually. This developed into a formal training system using several hundred of the traditional 1,700 koans.

However, hwadus are also fundamental questions arising from inside that we have to resolve. It has been said that our life itself is the very first hwadu that we must solve.

부처님과 통하는 길은 바로 내 마음속 내면의 그 자리밖에는 없습니다. 그러니 주장자를 세워 놓고 거기다가 모든 걸 놓고 굴려서 대처를 해 나갈 수 있는 그런 사람이 되는 게 낫겠습니까, 아니면 그렇지 않은 게 낫겠습니까?

이 공부는 부처님께 가서 빌고 기도하는 것이 아닙니다. 마음이 나오는 것도 자기 내면의 뿌리 한 곳밖에 없으니까 내 앞에 닥치는 대로 모든 걸 용도에 따라 거기에 다시 놓는 겁니다.

'**주인공**(主人空),[12] 이 모든 건 당신이 다 하는 거니까 당신이 대처를 하고 당신이 해결을 해. 모두를 화목하게 할 수 있는 것도 당신이고, 물리가 터지게 할 수 있는 것도 당신이야.' 하면서 주인공에 그대로 탁 놓으면 자기 마음이, 잘되고 안되고 또는 나쁘고 좋고를 잘 알기 때문에 절대 그릇된 길로 가지는 않아요. 모든 걸 주인공에 놓으면 한생각이 그냥 법이 되는 거죠.

---

12. **주인공**(主人空): 우리 모두 스스로 갖추어 가지고 있는 근본 마음으로 일체 만물만생의 근본과 직결된 자리. 나를 존재하게 하고, 나를 움직이게 하며, 내 모든 것을 관장하는 참 주인이므로 주인(主人)이며, 매 순간 쉴 사이 없이 변하고 돌아가 고정된 실체가 없으므로 빌 공(空)자를 써서, 주인공(主人空)이라 함.

only when you are relying upon your foundation. So, if you're not entrusting everything to your foundation, and are only begging for things or pursuing your own well-being, then no matter how much you do this, Buddha won't respond to you. Not even the tiniest bit. Because you aren't communicating with Buddha.

The pathway, the channel, lies through your fundamental mind. So, focus on your fundamental mind and return everything there, and from this place, respond to whatever arises in your life. What if you could take care of all your difficulties freely and easily? This is how you can do it.

Relying on your fundamental mind isn't praying to the Buddha or begging him for something. Because everything arises from your root, return everything you experience back there. Take what it is that you seem to need, and entrust that as well. "Ah. Okay, true self, it's you that's doing everything, so you're the one that can take care of this." "*Juingong*,[10] let me and others all work together harmoniously." "It's you that leads me towards awakening and shows me how to manifest wisdom.

다시 말해 하늘과 땅과 인간이 삼위일체로 꿰여서 한생각을 내던진다면 그게 한데 떨어지지 않고 그대로 실천이 되는, 그런 법이 되는 겁니다. 이런 법이 그대로 행해질 때 이름을 다 대기도 힘든, 세상천지에 일어나는 온갖 악행과 부조리와 병고 등에 대처할 수 있기 때문에 우리가 마음공부를 할 수밖엔 없는 겁니다.

이걸 어떻게 해야 여러분들이 더 잘 알아들을 수 있을는지 모르겠지만 한마디를 더 해야겠습니다.

이를테면 하늘과 땅을 꿰고 뚫어서 인간 주처와 결부된 이 자체는 바로 전력이라 해도 좋고 에너지라고 해도 좋습니다. 그 에너지는 움직이지 않아도 능력을 배출시킬 수 있는 그런 무한의 불기둥과 같습니다.

If you entrust everything to this root of ours, then, because it's connected to everything else, it can evaluate that and will know what's good for you and what isn't, and won't let you go down a harmful path. If you're continuously entrusting everything to this place, then an intention entrusted there will also manifest into the world.

In other words, when the heavens, the earth, and yourself are functioning as one, this whole will take your intention and respond in a harmonious way. A single thought like this can manifest into the world and move the whole! This is the *Dharma*,[11] which you can taste and experience for yourself!

---

10. Juingong(主人空): Pronounced "ju-in-gong." *Juin*(主人) means the true doer or the master, and *gong*(空) means empty. Thus Juingong is our true nature, our true essence, the master within that is always changing and manifesting, without a fixed form or shape.

Daehaeng Sunim has compared Juingong to the root of the tree. Our bodies and consciousness are like the branches and leaves, but it is the root that is the source of the tree, and it is the root that sustains the visible tree.

11. Dharma: This refers to both ultimate truth, and the truth taught by the Buddha.

예를 들어서 심한 병이 났을 때 '이 병은 너밖에 해결할 수 없다.' 하고 한생각을 내면 그 불기둥에서 자연적으로 약사라는 이름의 빈손이 나와 병난 사람과 한 찰나에 결부가 되어 그 병을 없앱니다. 불기둥에서 나간 거니까 불기둥에서 제거시키는 거죠. 어떤 거든 막론하고 말이에요.

무한의 에너지를 배출시키는 곳이니 거기에 빈손들이 얼마나 헤아릴 수 없이 많겠습니까? 우리가 거기에 '명이 짧으니 명을 좀 길게 해 주십시오.' 한다면 **칠성(七星)부처**[13]의 빈손이 나와서 한 찰나에 결부가 되어 그 명을 다소나마라도 이어 줄 수 있는 계기가 되기도 해요.

---

13. **칠성(七星)부처:** 현상계의 모든 생명들의 수명(壽命)을 관장하는 관할처.

Practicing like this, you can take care of every sort of thing you might encounter. Evil actions by others, corruption, disease, whatever. But this is only possible by relying upon your own root.

I'm not sure how well you'll be able to understand this, but I'd like to talk about one more thing before we take questions today.

So to speak, this thing that penetrates the heavens and the earth, and which is connected to humans' centered mind, is perhaps best described as a form of energy. It's like a pillar of fire or a support pillar that's beyond anything you can imagine. Even though it doesn't seem to move, it sends out infinite ability.

For example, if you're ill, and you give rise to the thought that, "It's my foundation, and only my foundation, that can truly take care of this disease," and entrust this thought to your foundation, then it's as if the hand of the Medicine Bodhisattva reaches out from this pillar of fire. When that connects to the one who is sick, the problems of that disease disappear.

Because it can send out unlimited energy, in any form imaginable, it's like it is full of uncountable Buddhas and Bodhisattvas. If you

그뿐이 아니라 **지장보살**(地藏菩薩),[14] 산신, 주해신, 주림신등 역할에 따른 이름들이 많은데 내 앞에 닥치는 대로 그 불기둥에 모든 것을 넣으면, 용도에 따라 자동적으로 빈손의 그 이름이 탁 나오면서 자기와 결부가 되는 거죠.

과학적으로 얘기를 하자면 원자의 그 기둥 안에 수만 개의 입자가 있는데, 그 입자가 나올 때는 바로 입자 하나하나에 칠성부처니 지장이니 뭐, 헤아릴 수 없이 이름들을 달고 나와 여러분들이 원하는 대로 **응신**(應身)[15]이 되어 찰나에 이끌어 주신다 이겁니다. 그러니 이걸 어떻게 생각하십니까?

---

14. **지장보살**(地藏菩薩): 이 세상의 모든 중생들에게 가르침을 베풀어 극락으로 인도하는 보살. "일체 중생을 제도해 그들이 모두 깨달음을 얻고, 지옥이 다 빌 때까지 결코 열반에 들지 않겠다"는 서원을 세움.

15. **응신**(應身): 법신(法身)이 다양한 중생들을 구제하기 위하여 응해주고 둘이 아니게 모습을 나투어 보살행을 하는 것.

feel like someone's life is coming to an end too soon, and you entrust the thought that it should be longer, then it's as if the Buddha of the *Northern Dipper*[12] comes out and connects with them, and, circumstances permitting, may even make it possible in some cases to lengthen the span of their life. If you take the situations and emotions that confront you, and, as they arise, entrust them to this pillar of fire, then, the functions and energy we associate with names such as *Ksitigarbha*,[13] the mountain god, the god of the ocean, the god of the forest, and so on, will come forth and connect with you as needed.

---

12. Northern Dipper: (Also known as the Big Dipper.) Traditionally in Korea, people have believed that the seven stars of the Northern Dipper govern the length of humans' lives.

13. Ksitigarbha Bodhisattva (地藏菩薩)**:** The guardian of the earth who is devoted to saving all beings from suffering, and especially those beings lost in the hell realms.
Bodhisattva: In the most basic sense, Bodhisattva is the applied energy of our fundamental nature, used to help save beings. It can also be described as the non-dual wisdom of enlightenment being used to help beings awaken for themselves.

It is also depicted as a person of great spiritual ability who is dedicated to saving those lost in ignorance and suffering.

이러한 부처님의 한생각이 천차만별로 나투어 아촉이 되고 아미타가 되고, 지장이 되고 관세음이 되는 겁니다. 사람들이 원하는 대로 응해 주는, 그 이름이 되어 작용하는 겁니다.

예를 들어 물에서 죽게 될 때, 해신(海神)으로서의 생각을 하게 하면 그 마음이 **용신**(用神)[16]이 돼 버립니다. 여기서 용(用)이라는 것은 작용하는 걸 말합니다.

그런데 생각만 하고 작용을 안 한다면 무효죠. 부처님의 한생각이 있다 하더라도 한생각을 내지 않는다면은 법신이 없고, 법신이 없다면 작용이 없으니까 보현신이 없어요.

---

16. 용신(用神): 한마음에서 모두가 찰나찰나 바뀌면서 돌아가며 작용하는 것.

To look at it another way, consider the atom. Even within a single atom, there are uncountable other particles. When some of those are separated out, they're given all sorts of different names, aren't they? Likewise, the "particles" that come from this pillar of fire are given names such as "Ksitigarbha," "Buddha of the *Seven Stars*,"[14] and so on. They respond instantly with the form that you need, and guide you forward. This sounds far-fetched, doesn't it?

When we are completely grounded in our fundamental mind, and it is deeply connected to this pillar of fire, this state can also be called *Buddha*.[15] A thought raised from this state of Buddha can manifest and assume any kind of form or function. It can become *Aksobhaya*, *Amitabha*, Ksitigarbha, or *Avalokitesvara*.[16] That thought will automatically respond to people's needs, manifesting with a suitable form.

---

14. The Seven Stars is another name for the Northern Dipper.

15. Buddha: In this case, "Buddha" refers to the fundamental enlightened essence we all have, along with its functioning.

그러니까 여러분 안에 생명의 근본이 있고, 그 근본을 통해 생각을 낼 수 있는 것이 법이고, 그것이 작용하는 것이 그대로 여러분들이 살고 있는 생활 안에 있다는 겁니다.

부처님의 법은 딴 데 있는 게 아니라 여러분들이 작용하고 살고 있는 생활 속에 있는 것입니다. 여러분들이 생활하는 가운데 부처님도 있고 도(道)도 있고 도를 이루고자 하는 마음도 있습니다. 모든 공부할 재료가 있는 것입니다.

이 공부를 할 때, 많은 사람들이 부처님을 찾으면서 경전들을 보는데, 그 이전에 내 마음부터 단련을 하고 경전을 봐야 거기에 있는 글들이 얼마나 싱그럽고 광대무변한 건지 알 수 있습니다.

For example, if you're drowning, and from this deep place within, you think of the god of waters, then that thought manifests and functions as the god of waters.

However, if your thought doesn't connect with this deep place, then it won't manifest, and nothing will respond to it. This is true for even a Buddha. If he or she has a thought, but doesn't entrust it to this deep place, then that thought can't become Dharma, it can't manifest into the world.

This is why I'm always telling you that the source is within you. If you raise a thought through this foundation, then that thought becomes reality. It begins to manifest and function within your own day to day life. The teachings of the Buddha aren't some separate thing; rather, they are descriptions of the functioning of your ordinary,

---

16. Aksobhaya(阿閦如來)**:** The Buddha of the Eastern Paradise, and counterpart of Amitabha Buddha.

Amitabha(阿彌陀): The Buddha of the Western Pure Land, who teaches those reborn there and helps them attain Buddha-hood.

Avalokitesvara Bodhisattva(觀世音菩薩): The Bodhisattva of Compassion, who hears and responds to the cries of the world and delivers unenlightened beings from suffering.

이 경이라는 것은 우리가 생활하면서 배우고 나갈 수 있는 '교(敎)'를 적어 놓은 것입니다. 그러한 경을 보고 읽고 배우는 것도 자기의 마음 다스림에 의해서 결부돼야지, 아무것도 모르고 부처님의 경만 읽으면 되는 줄 알아서는 안 됩니다. 그렇게 해서는 도저히 부처님의 그 뜻을 헤아릴 수가 없습니다. 헤아릴 수 없기 때문에 여러분들의 마음을 마음대로 못하고 모든 것을 대처해 나갈 수가 없는 것입니다.

사람으로 태어났다 하더라도 그 차원이 천차만별입니다. 그릇으로 비유한다면 종지가 있고 접시가 있고, 사발이 있고 큰 자배기가 있듯이 말입니다. 사람도 간장밖에 담을 수 없는 차원의 그릇이라면 간장밖에 담을 수 없습니다. 안 그렇겠습니까? 여러분의 차원이 접시라면 그저 나물 무친 거밖에는 놓을 수가 없는 거죠.

daily life. Right there in your boring life, with your family, work, and society, is where you can find Buddha, the path, and the inspiration to awaken. All the parts of your life are exactly the materials you need for your practice.

There are lots of people who study the sutras in order to learn the teachings of Buddha, but you need to first be diligently working at relying upon your fundamental mind. Then when you look at the sutras, you'll be able to realize their vast and incredible essence. The sutras were intended to help us learn and grow in our daily life. But in order to get any benefit from them, reading must go hand in hand with the careful observation and entrusting of your own thoughts and emotions; then you can connect with the sutras' deep meanings and understand how to forward in your daily life.

But if you just try to read the sutras without practicing like this, you won't be able to see their deeper teachings or to free your mind. Thus, you'll be at the mercy of your thoughts and emotions, and will often be overwhelmed by the things that confront you.

그러니 여러분들 마음의 그릇이 바다가 되도록 해라 이 소립니다. "우리가 모든 것을 불기둥에 놔라." 하는 이유는, 무엇이든 그 안에 들어가면 다 녹아서 하나가 되기 때문입니다. 그것처럼 큰 바다에 어떤 종류의 물이 들어가도 그냥 바다일 뿐입니다. 또한, 물 몇 그릇 넣는다고 두드러지지 않고 물 몇 그릇 퍼낸다고 줄지도 않습니다.

어디 그뿐입니까? 바다는 그 안에 있는 것들을 거르고 잘 순환시켜 그대로 양식이 되게 해 만생을 다 먹이고도 남을 수 있게끔 하는 이치가 있습니다. 우리 마음도 그렇게 넓은 바다처럼 돼야 합니다.

Even though people have been born at the human level, they still have so many different levels of spiritual development. To compare them to dishes, some people are like small bowls for soy sauce, others are plates or soup bowls, and still others are salad bowls. If someone is at the level of a soy sauce bowl, then that's all they can ever hold, isn't it? If you're at the level of a plate, all you can hold is cooked vegetables and such.

So practice hard and become a bowl so big that it can hold oceans! Take everything you feel and confront, and entrust it to this pillar of fire. For whatever goes in there is melted down and becomes one. No matter what kind of water flows into the ocean, it becomes ocean. If you take out a bucketful of water, no hole is left behind, and if you add a bucketful of water, it is instantly absorbed.

Moreover, the way of the ocean is to circulate and purify whatever enters it, all the while feeding and supporting beings beyond measure. Our mind, too, can become a great ocean.

This mind of ours! For example, you all have the ability to leave your body here and go visit

마음이란 게 말입니다, 지금 당장에도 자신들의 집을 점프해서 갔다가 올 수가 있습니다. 여기 앉아 지금 자기 집 안 구석구석을 둘러보고 왔다면 빛보다 더 빨리 가서 둘러보고 오신 겁니다. 이렇듯 이 공부를 하게 되면 다른 곳도 그렇게 가서 보고 올 수가 있습니다. 물론 아무거나 가서 보고 오는 것이 아니라 내가 어떤 것을 보고자 해서 그것이 찰나에 봐질 때 한쪽 것만 보는 게 아니라 전체 첨부해서 보는 겁니다. 그러니 얼마나 귀중한 공부입니까?

하지만 이런 능력이 도(道)는 아닙니다. 석가모니 부처님께서는 한 찰나에 전체를 보는 것도 도가 아니고, 한 찰나에 전체를 듣는 것도 도가 아니고, 한 찰나에 오고 감이 없이 오고 간다 하더라도 도가 아니라고 했습니다. 또 한 찰나에 수많은 사람뿐만 아니라 곤충에 이르기까지 그 마음을 다 안다 하더라도 도가 아니고, 남이건 나 자신이건 과거에 어떻게 살았는가를 아는 것도 도가 아니라고 했습니다.

your home and look around. All this is done in an instant, faster than even the speed of light. But if you diligently practice relying upon this foundation of ours, then what you'll see will not be just the surface appearances. Now you'll also be able to see all of the deep aspects of what's happening there. This practice is so precious!

Of course, these kinds of things should only be done when there is a strong need for them. Why? Because although impressive, these kinds of abilities aren't actually the path.

As Sakyamuni Buddha said, seeing the whole world in an instant is not the way to enlightenment and freedom, hearing people a hundred miles away isn't this path, visiting other places without moving your body isn't the path, nor is being able to know the thoughts of creatures from insects to human beings. Knowing the past lives of everyone you meet isn't the path, nor is obtaining all the *five subtle powers*.[17]

---

17. Five subtle powers(五神通): These are the power to know past and future lives, the power to know others' thoughts and emotions, the power to see anything, the power to hear anything, and the power to go anywhere.

이 다섯 가지 **오신통**(五神通)[17]이 다 도가 아니라고 했습니다. 왜 줄 아십니까? 들으면 뭐하고 보면 뭐하고, 또 어디서 온 줄 알면 뭐하고, 왔다 갔다 할 줄 알면 뭐 하겠습니까? 그것은 아무 소용이 없습니다.

목마른 사람에게 물 한 그릇을 줄 수 있고 내가 목마르면 바로 먹을 수 있어야만이 도(道)입니다. 내가 이 컵에 물이 있는 것을 알면서도 그걸 갖다 먹을 줄 모른다면 그건 허탕이죠. 이것을 선뜻 집어서 남을 먹일 수 있고 또 내가 먹을 수 있어야만이 그게 도입니다. 그렇게 오신통 안에서 벗어나 오신통을 자유스럽게 굴릴 수 있는 것을 누진통이라고 하는데 그 이름조차 없는 것이 도입니다. 도(道) 아닌 도죠.

---

17. **오신통**(五神通): 불교의 육신통(六神通)중에서 누진통(漏盡通)을 뺀 다섯가지의 신통(능력), 즉, 천안통(天眼通), 천이통(天耳通), 타심통(他心通), 숙명통(宿命通), 신족통(神足通)을 일컬음. 천안통(天眼通)은 보는 사이 없이 볼 수 있는 능력, 천이통(天耳通)은 듣는 사이 없이 들을 수 있는 능력, 타심통(他心通)은 다른 이의 마음을 아는 사이 없이 알 수 있는 능력, 숙명통(宿命通)은 과거 어디로부터 왔는지를 아는 사이 없이 아는 능력, 신족통(神足通)은 한 찰나에 가고 옴이 없이 가고 올 수 있는 능력을 말함.

Do you know why? Even if you can hear or see more than others, or go anywhere without moving your body, so what? None of those move you any closer to ultimate freedom. Being able to give water to a thirsty person is the path, as is being able to drink water yourself when you are in need. [Pointing to the cup beside her.] Even if I know there's water in this cup, if I can't pick that up, if I can't drink it, then what use is that knowledge?

Only when you can help others to drink, and also drink yourself, well, only that is the path. You have to be free from attachment to all those kinds of abilities that I mentioned. Only then can you freely use them as needed. This ability itself is called *Nujin*,[18] but even that name is already gone. On this path, there is no fixed thing you can call "the Path."

---

18. Nujin (漏盡通)**:** This is the state where one is free of all the things that cause suffering, where one is never caught by any thing or situation. It is also described as the state where one is not caught or entangled by even the five subtle powers, and so one is able to use them freely, as needed.

오늘 여러분들이 이렇게 비가 많이 오는데도 불구하고 여기를 왔는데 상대방이 이걸 별거 아니라고 생각하고 본체만체한다는 생각은 하지 마십시오. 예전에 이리저리 다니면서 공부할 때 굵은 장대비가 억수같이 내려 물이 골짜기를 넘쳐 흘러내리는 숲에 앉아 있었던 적이 있습니다. 그런데 떠내려갈 것 같은 곳에 앉아 있으면서도 너무도 즐겁고 좋아서 얼마나 웃었는지 모릅니다. 밀짚모자가 장대비에 찌그러져 접혀지면서 그 골로 막 물이 흐르니까 얼마나 기쁘고 좋은지 말입니다.

뼛속으로 물이 안 들어갈 뿐만 아니라 마음속으로도 전혀 안 들어가고 살 속으로도 안 들어간다는 점에서 너무나 기뻤습니다. 한 번쯤은 이런 경험을 하는 것이 우리가 공부하는 데에 큰 재료가 될 수도 있습니다. 이 모두가 공부 아니겠습니까?

Even though you could have just stayed home today, you made the effort to come here on this rainy day so that you could learn and practice. I want you to know just how beautiful I think this is. Long ago, when I was practicing on my own in the forests, I'd been sitting in a valley when the monsoon rains came. It was like the heavens exploded and almost immediately the stream near where I was sitting overflowed and covered the area with water. As the flowing water pushed against me, and the rain fell so hard that the brim of my straw hat collapsed around my head, I started laughing.

Although this rain could ruin my hat, although it could drown me, it couldn't get into my bones, it couldn't get into my flesh, and it couldn't get into my mind. I suddenly felt so happy! That rain became an opportunity for a great experience in my practice.

Isn't everything a chance to practice and grow? So don't get caught up in narrow views like, "It shouldn't rain where so many have come to learn the teachings of Buddha!" So what if there's rain? You have to know what it tastes like when it rains, and the taste of when it doesn't rain.

우리가 만약에 얍삽한 마음으로 '우리가 지금 부처님 법을 배우려고 이렇게 고생을 하고 있는데 비가 오지 말아야지.'라고 해서 비가 안 오기만 하면 뭐합니까? 비가 오는 맛도 알아야 하고 안 오는 맛도 알아야 하지 않겠습니까?

우리가 잘되는 것을 알면 안 되는 것도 알아야 모든 거를 대처해 나갈 수 있습니다. 부산을 갔다면 갔다가 올 줄도 알아야 하고, 차를 타고 갔으면 내릴 줄도 알아야죠.

차를 탔으면 내려서 걷기도 하고 또 타기도 해야 정상입니다. 차를 타고 돌아다닐 줄만 안다면 그것은 꽝입니다. 그러니까 비가 오면 오는 대로 안 오면 안 오는 대로 그걸 재료 삼아 여러분들이 배우셔야 할 것입니다.

여러 가지 말을 너무 많이 하면 여러분들이 헷갈려서 지금까지 한 말이 다 수포로 돌아갈지 모르니까, 단 하나만 쥐고 그거를 잘 기억하셔서 재료로 삼으십시오.

You have to know both sides, both when and how things go well, and when and how they go badly. Only then can you take care of everything. If you go to Busan, you also have to know how to return. If you drive a car somewhere, you also have to be able to step out and walk away from it. Driving for a while, getting out, doing something, and then getting back in is the normal way of it, isn't it? If someone only knows how to get in and drive, but not how to get out again, well, that would be a strange kind of life.

So if it rains, take that as your practice. If it doesn't rain, take that, too, as your practice. Learn to take everything as a target to focus your practice on.

If I talk for too long today, you may lose sight of the point I want to make, so think of one thing that I've said today that really connected with you, and make an effort to memorize that. Then, go forward and try to apply that to your life.

When it seems hard to do, or you aren't really feeling it, go through the motions anyway! Keep working at it, and the imitation will become the real thing. And someday you will become a true

힘들면 공부하는 흉내라도 내시고요. 그렇게 흉내를 내다 보면 진실이 되고 언젠가 진짜 부처가 됩니다. 그러니까 그런 줄 아시고 될 수 있으면 열심히 하십시오.

질문 하실 분 있으면 질문하세요.

질문자 1 (여): 안녕하십니까? 저는요, 이곳저곳 아파서 10년 전부터 병원에 죽 다녔는데 의사들은 큰 이상이 없다고 합니다. 하지만 저는 오랫동안 고생을 많이 했습니다. 게다가 요즘은 눈이 아파서 도무지 앞이 안 보입니다. 병원에서는 시신경이 말랐다고 하는데 치료를 해도 아무 효과가 없습니다. 스님께서 이 눈에 빛과 광명을 주시면 좋겠습니다.

큰스님: 아까도 얘기했듯이 자기 근본에, 자기 주인에 **관**(觀)[18]하세요. 자기가 자기를 끌고 다닌다는 사실을 알아야 합니다. 믿음을

18. 관(觀): 어의적으로 '관찰하다' '보다'라는 뜻을 가지고 있으며, 마음공부를 하는 과정에서는 '참나'인 주인공을 믿고 맡기는 것을 뜻함. 즉, 삶에서 부딪치는 모든 문제들을 주인공만이 해결할 수 있다는 철저한 믿음으로 주인공에게 맡겨 놓고 분별없이 집착 없이 지켜보는 것을 통틀어 '관'이라 함.

Buddha. Keep this in mind, and diligently apply the point from this talk that seems to connect with you.

Now, are there any questions?

Questioner 1 (female): Hello. For the last ten years I've had all kinds of different aches and pains, but the doctors all say I'm fine. I've really suffered from this, and now, on top of it all, my vision has become so bad that I can barely see in front of me. The doctors said that my optic nerve has withered, but there's nothing they can do about it. Please, help me with this if you can.

Kun Sunim: Entrust it all to your foundation, that's the one who is in charge of everything. You need to realize that your true self can show you the way. Have faith in it, and entrust it with all things. Like the person behind the wheel of a car, it's your mind that moves and steers your body. So if you have this thought, you go this way. With that thought, you go that way.

For example, when the doctors give a diagnosis, people tend to cling to that. When they do this, it becomes input, and so they have a harder time

가지고 모든 것을 맡기세요. 운전수가 차를 몰고 다니듯이 마음이 육체를 끌고 다닙니다. 이런 생각에 이리로 끌고 가고 저런 생각에 저리로 끌고 갑니다.

병원에서 어떠한 말을 들으면 듣는 대로, 보면 보는 대로 그것에 착(着)을 두니 입력이 돼서 그걸 떠나지 못하는 겁니다. 그러니까 입력된 그 자체를 부숴 버릴 수 있는 그러한 관법을 아셔야 합니다.

진실하게 알고 행하며 열심히 자기 근본에 관하다 보면 모든 병 증세도 차츰 좋아질 겁니다.

거기서 나온 거니까 거기서만이 이끌어 줄 수 있다는 믿음을 가지고 거기다 모든 걸 놓으면 아마 머지않아 해결이 날 것입니다.

질문자 2 (여): 저의 남편이 직장에 다니는데 해소 천식으로 숨이 가쁘고 걸음을 걷는 데 많이 곤란합니다. 그것을 좀 낫게 해 주십시오.

큰스님: 제가 고쳐 주는 게 아닙니다. 그렇게 제 3자가 아플 때도 내 주인공에 먼저 관하세요. 내 주인공과 그 주인공이 둘이 아닌 까닭에, 내 주인공에 관해도 그 주인공에 불이 들어올 수 있습니다.

moving away from those words. This is why it's critical that you know how to break up those attachments. If you have faith that your foundation is doing everything, and if you're taking what you are experiencing and entrusting it back there, then your condition will begin to improve.

Have faith that everything arises from your foundation, and that it is also the very essence that can guide and take care of you. If you entrust everything to your foundation like this, your issues will be resolved before too long.

Questioner 2 (female): My husband is fortunate in that he has a job, but it's very hard for him because he has asthma, and has trouble walking far. I would like to ask if you can cure him.

Kun Sunim: I'm not the one who cures those things. Even when it's someone else who's sick, entrust that illness to your essence. Then, because your essence, your foundation, and his are connected, if you are entrusting everything on this side, the light bulb on that side will turn on. Believe it. And teach your husband about entrusting and observing.

믿음을 가지세요. 그리고 남편에게 관하는 법을 일러 주십시오. 그렇게 하신다면 자신의 건강뿐 아니라 내 자식들의 뿌리도 튼튼하게 인도해 줄 것이고 내 가정을 건강하고 화목하게 이끌어 가실 겁니다.

질문자 3 (여): 스님께 어려운 일이나 병고, 액난을 하소연했을 때 스님께서는 "주인공을 믿고 거기에 맡겨 놓고 관하세요."라고 하십니다. 관하는 도리를 통해 병이 낫게 되었다고 할 경우에, 병이 낫는 까닭은 무엇인지 알고 싶습니다.

큰스님: 주인공은 회사를 다스리는 회장과 같다고 여태 말씀드렸죠? 내 몸속의 모든 생명의 의식들이 그 회장의 결정하에 작용을 합니다. 여러분이 마음을 정하는 데에 따라 작용을 합니다.

This is how you can take care of your own health, as well as your husband's. Further, as you practice like this, your children will become more grounded, and your family more harmonious. They'll be like plants whose roots have gotten stronger.

Questioner 3 (female): Hello. When people have asked you about how to respond to various illnesses or difficult situation, you've told them to have faith in their foundation, and to entrust everything there and observe. How can entrusting like this cure things like diseases?

Kun Sunim: Your foundation, Juingong, is like the CEO who manages a company. If the CEO gives a command, the consciousnesses of all the lives within your body respond to that. Those consciousnesses respond and work together, or not, according to the decisions you give rise to.

If you don't give your employees a clear idea of what needs to be done, because you lack confidence and never make a firm decision, how could they ever accomplish anything? Just like this, if you make up your mind to fully entrust everything

여러분이 믿지도 않고 마음도 정하지 않아서 결재도 내리지 않았는데 어떻게 직원들이 일을 합니까? 그와 같이 내 몸속에서도 확실한 결단을 내려 결재를 해야 작용을 할 수 있어요. 그래서 병이 나을 수가 있는 겁니다. 이해가 되십니까?

질문자 4 (여): 제 아이가 지금 심장병이 있는데 의사들마다 의견이 다릅니다. 결정을 내려야 하는데 어떻게 하면 좋을지 큰스님의 가르침을 받고 싶습니다.

큰스님: 의사 손을 빌린다 하더라도 이 마음을 관하는 법을 배우셔서 모든 걸 근본에 맡기고 가신다면 반드시 심장병은 좋아질 겁니다. 그리고 의사들마다 의견이 다르다고 하셨는데 아직은 심각한 상황이 아닐 수도 있습니다. 어느 정도는 당신이 관하면 낫게 할 수 있지 않을까 생각을 합니다.

to your foundation, then all of the beings within your body will follow the instructions from your foundation, and that illness can be cured.

Questioner 4 (female): My child has heart disease, but none of the doctors can agree about how severe it is, or what needs to be done. They're all telling us to do different things. I have to make a decision soon, but I have no idea which course would be best. I would like to ask for your teachings on this matter.

Kun Sunim: Although a doctor's help may yet be necessary, if you learn about entrusting everything to your foundation, and diligently work at this, then your child's condition will improve. In your case, it's possible that your child's condition isn't particularly urgent yet. There's also a good chance his disease can be healed if you practice entrusting.

It's quite a difficult thing when doctors have to operate on a child's brain or heart. If that becomes necessary, fully entrust the situation to your foundation. Then, even though the doctor operates, it's as if that's being done by the hands

아이들 머리나 심장에 칼을 대기가 상당히 어렵죠. 그러니 당신이 관하는 거를 잘 알면 의사 손을 거친다고 해도 바로 자기 주인공의 손으로 한다고 할 수 있는 거예요. 그러면 아마 훨씬 더 좋은 결과가 있을 거예요.

질문자 5 (여): 5년 전부터 제 몸이 점차 안 좋아지더니 항상 아프고 괴롭습니다. 병원에서 알레르기성이라고 하는데, 병원을 다녀도 다니나 마나예요. 마음도 안정되지 못하고 불안합니다. 어떻게 하면 좋겠습니까?

큰스님: '주인공, 네가 이렇게 나를 아프게 하는 거니까 네 몸 네가 건강하게 해서 끌고 다녀. 너만이 이 병을 낫게 할 수 있어.' 하고 관하세요.

of your Juingong. If you can do this, the result will probably be pretty good.

Questioner 5 (female): About five years ago, I started to hurt everywhere, and to feel very unsettled and anxious. I went to the hospital and was diagnosed with allergies. Although I've been treated for those, nothing really seems to get better. I'm still in pain and feel fearful. What should I do?

Kun Sunim: You have to rely upon your foundation. Whenever you realize that you're caught up in your pain or suffering, remember what I'm going to say and entrust this to your foundation: "True self, because even this illness ultimately arose from you, you can take care of it. You have to guide me and keep this body healthy."

In addition to working at this, you also need to work very hard at helping others, selflessly and with your whole heart. In your case, to put it simply, your body is filled with debt collectors looking to get paid. They're sitting there waiting for you to make good on your debts. Much of what you've received in the past was due to the *virtue*

그리고 정성을 지극하게 들이세요. 빚쟁이가 몸 안에서 지금 잔뜩 빚을 받으려고 온통 틀고 앉았거든요. 자기가 뿌려 놓은 것이 자기 속에 지금 틀고 있으니까 그것을 면하시려면 빚을 좀 갚으셔야 될 겁니다.

질문자 5: 그런데 책을 보면서 배우려고 하는 데도 발심하는 마음이 조금밖에 안 생깁니다.

큰스님: 외상으로 준 게 있으니까 외상값을 달라고 자꾸 속에서 그러는 거니까 외상값을 갚아 가면서 관하세요.

질문자 5: 감사합니다.

질문자 6 (남): 저는 몸이 아플 때 우선 약 먹을 생각을 하고 병원에 갑니다. 그런데 큰스님께서는 아픔도 주인공에 맡기라고 하셨습니다. 저처럼 약 먼저 찾는 사람들에게 주인공에 믿고 맡길 수 있도록 하는 가르침을 부탁드립니다.

and merit[19] of your parents and ancestors. You needed to repay that, but haven't, so this problem has become very deep-rooted. To dissolve it, you have to pay your debts.

Questioner 5: Okay. I'm reading about relying upon my foundation, but somehow I'm having a hard time remembering to do it.

Kun Sunim: That's because the debt collectors within you are still unsatisfied. There is a specific part of your debt that can only be repaid through giving and helping, and you haven't done that yet. Be grateful, help others with what they need, and let go of "I," while relying upon your foundation.

Questioner 5: Thank you.

Questioner 6 (male): When I'm sick or hurting, I first turn to medicine, and then at the next stage, go to the doctor. But you've said today that we

---

19. Virtue and merit(公德)**:** Here this term refers to the results of helping people or beings unconditionally and non-dually, without any thought of self or other. It becomes virtue and merit when you "do without doing," that is, doing something without the thought that "I did such and such." Because it is done unconditionally, all beings benefit from it.

큰스님: 그 얘기를 하시니까 옛날 일이 생각나네요. 예전에 상원사 아래 토굴에 있을 때 사람들이 하루 몇백 명씩 토굴 밖으로 개미 행렬처럼 죽 줄을 섰습니다. 대부분의 사람들이 아픈 사람들이었는데 약도 귀하고 병원에 가기 힘든 시절이다 보니 그렇게 고통을 호소하는 사람들이 많았었어요.

그때 사람들은 문밖에서 그냥 말을 하고, 나는 토굴 안에서 대답을 해 주었습니다. 그런데 말입니다, 그때나 지금이나 병의 경중을 막론하고 '약을 먹어라, 먹지 마라' 할 게 없습니다.

should first rely upon our foundation. Can you please say some more about this for people like me whose habit is to immediately turn to medicines or doctors?

Kun Sunim: Your question reminds me of when I lived in a hermitage below Sangwon Temple (in the Chiak Mountains). People used to come by the hundreds, asking for my help, mostly with illnesses. Because it was hard to get any kind of medicine in those days (around 1960),[20] there were so many who were in pain.

At that time, I stayed inside, with the door shut and people standing outside would just say what was wrong or what they needed, and then leave.[21] Then or now, and regardless of the illness, there's no hard and fast rule about taking medicine being right or wrong.

There are two aspects you should understand about this issue. The first is, when you have such

---

20. This was less then ten years after the country had been devastated by the Korean War. Very little infrastructure had been rebuilt, and country was still extremely poor. In 1960, the per capita income was less than US$160, versus $3,000 for the US.

거기엔 두 가지 여건이 있습니다. 하나는 자기가 진정으로 자기 근본, 주인공을 믿는다면 '주인공에 맡긴다, 안 맡긴다'도 없이 모든 건 이미 자기 주인공이 알고 있다는 거예요. 그렇기 때문에 '자기 몸을 자기가 이렇게 해 놓으면 어떻게 해?' 하고 필요한 만큼 알아서 작용을 해서 고쳐요. 자기가 형성시킨 기계니까 자기가 너무 잘 알겠죠. 마치 작업장에서 작업을 하는 인부들이 자기가 만든 기계를 자기가 고쳐 쓰는 것처럼요.

그리고 또 한 가지는, 만약에 이 도리를 진짜 알고 믿는다면 병원에 가는 것도 약을 먹는 것도 밥을 먹는 것과 똑같이 자연스레 결정지어 행한다는 겁니다. '아, 이만하면 이것은 괜찮겠다.' 이런 생각이 있으면 모두가 자연스레 받아들여지는 거고 '아, 이건 먹고 싶지 않아.'라는 생각이 드는 건 먹어도 소용이 없게 되는 겁니다.

complete faith in your essence, Juingong, then it already knows what's going on, and the question of entrusting or not entrusting doesn't even arise. So when something about your health or body is a problem, Juingong naturally responds with the appropriate solution.

Your body is a device that your foundation has made, so it naturally knows what's needed to make urgent repairs. Think of something that comes from a factory – the workers who built it will also have the best idea about what can be done.

The second aspect is that when you have complete faith and also understand the workings of your foundation, then whether you go see a doctor or take medicine, to you it's no different from having a meal. If the thought of some medicine or treatment naturally arises, and it feels

---

21. This hermitage was a tiny hut. It was just one small room, about 140cm by 100cm, with a door made from wood lattice covered with thick paper. Many people left offerings, but Kun Sunim gave all of that to Sangwon Temple, and it was this money that paid for the 1960 reconstruction of the temple. At 1,200m above sea level, Sangwon Temple is the second highest temple in Korea, so construction was not easy or inexpensive.

그런데 이때, '이건 좋아, 이건 안 좋아.' 하는 건 그냥 나오는 생각이 아닙니다. 믿음이 진실해서 약을 먹어도 밥과 똑같이 생각할 수 있는 공부하는 사람들에 한해서만이 자기 근본 자리에서 나게끔 돼 있습니다. 약을 먹어도 먹은 사이 없고, 일을 해도 하는 사이 없을 정도가 돼야 되는 거죠.

소를 한 마리 잡아먹어도 잡아먹은 사이가 없이 잡아먹을 줄 알아야 소의 무명을 거두어 줄 수 있고 그 자리에서 소를 인간으로 화하게 해 줄 수가 있습니다.

그러니까 그냥 약만 찾는다면 주인공과 통신이 되지 않아 남을 믿고 가야 되는 거예요.

like that would be just right, then everything else in your body will be feeling the same way, and easily accept that.

If you look at it and the feeling arises that you really don't want to eat it, then even if you did, it would be of no benefit to you. For those people who are deeply relying upon their foundation, thoughts like these are not just random thoughts; they are the workings of their foundation. To get to this point, you have to entrust things so sincerely that there is no trace left of "I have done something." If you take medicine, entrust that so deeply that no trace of "taking" remains.

Even if you kill a cow for food, completely entrust any dualistic thoughts about killing, then you can also melt away the cow's ignorance, and guide it to be reborn at a higher level. You can do this on the spot.

So if you are only relying on medicine, you aren't working on connecting with your foundation, and can only cling to other people while hoping for the best.

Think about this: you came into being because of your fundamental essence, and this is what's

생각을 해 보세요. 형성시킨 것도 안에서 한 거고, 지금 작용을 하고 나가는 것도 안에서 하는 건데 누굴 믿고 가야 하는지 말예요. 이 육신은 한쪽만 굳어져도 쓰러지고 결국 송장이 됩니다. 그런데 자꾸 마음을 딴 데로 둬 보세요. 어떻게 되는가?

'너만이 해결할 수 있어.' 하고는 약을 먹지만 자기 주인공을 완전히 못 믿으니까 통신이 되지 않는 거예요.

약을 먹지 말라는 게 아닙니다. 마음이 중요하다는 애기를 하는 겁니다. 마음을 어떻게 쓰느냐에 따라서 먹는 게 약이 될 수도 있고 아닐 수도 있습니다. 밥도 약이 아닙니까? 밥은 항상 먹는 거니까 그저 끼니 채우는 거라고만 생각하고 약이란 생각은 잘 안 들죠? 하지만 밥을 먹어야 사니까 밥도 약이에요. 물도 약이고 모두가 약이에요. 그러니 뭐는 약이 아니고 뭐는 약입니까? 나한테 좋아서 먹는다면 바로 그것도 약 아닌 약이죠.

enabling you to live right now, so doesn't it make sense that you should have faith in it? It takes only the smallest things to turn your flesh into a corpse. What keeps your body healthy is your fundamental mind, so if you're trying to rely upon something else, what good could result?

Even though you take medicine with the thought that,"Only my foundation can take care of this," if you don't actually have deep faith in your foundation, that intention can't be communicated. And so that medicine's effectiveness will likely be limited.

I'm not saying to not take medicine, just that our fundamental mind is the most important aspect, and that you have to fully rely upon it. Whether something functions as medicine or not depends upon how you use your mind. Isn't food also a medicine? Because people eat all the time, they don't think of food as a medicine. Yet food sustains our body. Food is medicine, water is medicine, everything is medicine. What isn't a medicine? If you eat something that makes you feel more healthy, isn't that a medicine?

그런데 '아이고 내가 약을 먹으면 안 낫겠지. 신심이 부족한 거 아닌가? 이거를 이렇게 하면 안 되지.' 하면서 쓸데없는 논란이 머릿속에서 벌어져요.

모든 건 자기 근본에서 시작되는 겁니다. '나는 주인공을 찾아도 안 되더라.' 이런 사람은 벌써 이 도리를 모르는 사람이에요. 자기가 형성된 자체가 바로 주인공이 있기 때문 아닙니까? 소가 있으니까 움직이는 달구지가 있듯이 소가 없으면 그런 것도 없었을 것 아니에요?

질문자 6: 예, 가르침 잘 알아들었습니다.

질문자 7 (여): 저는 부산에 사는데 이번 법회가 세 번째입니다. 52살 된 친정 동생이 있는데 7년 전부터 병을 앓고 있어 오히려 79세 되신 어머니가 간병을 하고 계십니다. 병이 길어지다 보니 서로 힘들고 지쳐서 부딪치기만 하면 싸우게 됩니다. 그래서 이렇게 살려 달라고 왔습니다.

큰스님: 여기는 병원이 아닙니다. 병원에 가니까 뭐라고 합니까?

Yet there is a stupid debate in your head that says if you use medicine, then that means your faith is weak. And so, you won't get better. And you keep going back and forth between thoughts like these.

Everything in this world starts from your foundation. People who complain that even though they look and look for Juingong, they can't find it, are missing the point. It is your own foundation, Juingong, that brought you into existence. Because the cow exists, the cart moves. If there was no cow, how could the cart have ever moved?

Questioner 6: Okay. Thank you for your teaching.

Questioner 7 (female): Hello, this is the third Dharma talk of yours I've attended. My brother is fifty-two years old, and has been sick for the last seven years. My seventy-nine-year-old mother has been taking care of him all this time. As the years have stretched out, they've both become exhausted and often end up fighting with each other. So I'm here to ask you to cure my brother.

Kun Sunim: This isn't a hospital. What did the doctors say?

질문자 7: 간이 좀 나쁘다고 합니다.

큰스님: 여러분들이 상식적으로 알아 둬야 할 일이 있습니다. 아까도 얘기했지만, 많은 병의 80%, 90%는 마음에서 오는 겁니다. 게다가 신경이 온통 내 몸에 가 있으니 어디가 조금만 아프면 바로 병원으로 달려가서 이 검사 저 검사를 해서 오히려 몸을 망가뜨리는 수가 있습니다. 의사들이 이런 소리를 들으면 나를 욕할지도 모르지요. 하지만 내가 병원을 가지 말라고 하는 게 아닙니다.

예전에 어떤 분이 다리가 썩어서 의사들이 잘라야 한다고 했는데, 그분이 그걸 거절하고 자기 주인공에 맡겼답니다. 그리고 기적적으로 치료가 잘되어 염증이 발목으로 내려가 다리를 안 자르게 되었습니다. 그렇게 될 수 있었던 건 절실한 그분의 마음이 있었기에 마음과 마음이 연결되어 통신이 되니까 인체의 모든 마음들과 골수의 모든 생명 의식들이 전부 작용을 해 줘서입니다. 그런 기적 같은 일이 일어나니까 의사들도 신기해하며 그분이 믿는 종교의 힘이라고 했답니다.

Questioner 7: That he has liver problems.

Kun Sunim: Everyone, there's something you really have to know, if you don't already: a lot of illnesses, perhaps eighty percent or more, have an unseen aspect related to our minds. But when people don't know about their fundamental mind, their physical body becomes their sole focus, and when something goes wrong, they look for an outward, physical solution.

If you run off to the hospital every time you have some discomfort, and demand this test or that procedure, eventually your body is going to end up being ruined. I'm sure doctors would have rude things to say about me if they heard this, but it's true. But, that said, I'm not saying to never go see a doctor.

Years ago one of the laymen here had a bad infection in his leg, and almost had to have it amputated. But after he started entrusting this to his foundation, almost miraculously, the infection, which had started at his ankle and spread up to his knee, began to retreat back down his leg, and his leg was saved. This was possible because he was so deeply sincere, and mind can connect

자기 뿌리, 자기 주인공을 절대적으로 믿고 거기에 일임하면 세포 하나하나에 들어 있는 모든 의식들과 서로 통신이 되어 내가 생각하는 대로 같이 움직여 줍니다. 이렇게 **한마음**[19]으로 귀결을 짓고 둘로 보지 않아야만이 자기가 자기를 죽이는 법이 없죠. 자기 손가락이 자기 손가락을 꺾지 않는 이 도리를 알아야 됩니다.

손가락이 따로따로 있지만 서로 연결되어 있는 것처럼, 인체의 모든 의식들은 그렇게 서로 연결되어 있습니다. 그래서 내가 주장자를 세우면 모두 한마음으로 하나가 되는데 어떻게 자기가 자기를 죽입니까? 살고자 서로 작용을 해 주게 돼 있거든요. 연결되어 있는 모든 곳에서 작용을 해 주기 때문에 설사 몸의 일부분이 굳어 들어가더라도 낫게 할 수가 있는 겁니다.

---

19. 한마음: '한'이란 광대무변함, 일체가 하나로 합쳐진 것을 뜻하며, 한마음이란 만질 수도 없고 보이지도 않으며, 시공간을 초월하여, 시작도 끝도 없는 근본마음을 말함. 또한, 만물만생의 마음이 삼천대천세계와 서로 연결되어 하나로 돌아가는 것을 의미하기도 함. 다시 말해, 한마음은 우주 전체와 그 속에서 살고 있는 일체 생명들이 근본을 통해 서로 연결되어 그 마음들이 하나로 돌아가는 모든 작용을 포함하고 있음.

with mind. Through his fundamental mind, he communicated with the minds of all the lives in his body, which then all worked together to relieve the infection. The doctors were so amazed, and asked him if he was religious, because they thought a miracle had happened.

If you have absolute faith in your root, Juingong, and entrust it with everything, then all the separate consciousnesses of the cells that make up your body can communicate with each other and will work together according to the thoughts you give rise to. When you are returning absolutely everything to this fundamental *one mind*[22] and it all becomes part of the same whole, then those consciousnesses would never do anything that hurts the whole. Fingers on the same

---

22. One mind: (*Hanmaum* [han-ma-um]) From the Korean, where "one" has a nuance of great and combined, while "mind" is more than intellect and includes "heart" as well. Together, they mean everything combined and connected as one. What is called "one mind" is intangible, unseen, and transcends time and space. It has no beginning or end, and is sometimes called our fundamental mind. It also means the mind of all beings and everything in the universe connected and working together as one.

병의 종류나 경중을 막론하고 뼛속 골수의 의식들까지도 모두 작용을 해 주어서 병이 완치되는 겁니다.

그런데 암이나 백혈병이라는 병명을 들으면 벌써 마음 저편부터 '아이구! 이제 나 죽네! 아무리 해도 소용없는 거니까 꼼짝없이 죽었어!' 이런 생각을 하니까 몸 안에 있는 모든 의식들도 전부 '아이구! 꼼짝없이 죽었어!' 하며 전부 힘을 합해 낫게 하려는 작용을 하지 않는단 말이에요. 그러니 이 한마음의 도리가 얼마나 귀중합니까?

안에서만 그런 게 아니라 바깥에서도 그렇습니다. 마음의 힘이라는 것은 '할 수 있다, 할 수 없다'의 문제가 아닙니다. 빛보다도 더 빨리, 그대로 **여여**(如如)[20]하게 서로 연결되어 통신이 될 수 있는 거를 이미 갖추고 있기 때문에 일체 중생을 다 건질 수가 있습니다.

---

20. 여여(如如): 만물만생이 평등하고 차별 없이, 어디에도 머물지 않고 끊임없이 흘러 돌아가고 있는 그대로의 모습. 일체가 고정됨이 없이 돌아가는 진실의 모습을 말하며, 이러한 진리의 흐름에 부합하는 삶을 살아가는 것을 여여한 삶이라 함.

hand don't hurt each other. You need this truth in your life.

Like fingers, all the consciousnesses in our body are separate from each other, but there is this deep one mind that connects them all. If we raise this *pillar of mind*[23] and all those consciousnesses start working as one, how could they hurt each other? Further, they become willing to help each other in order to live. As they all become connected together, they begin to heal the parts that were breaking down.

Regardless of the disease or its seriousness, if all the consciousnesses in your body, right down to the cells in your marrow, work together as one, then whatever is wrong can be set right.

Yet when people hear labels such as "cancer" or "leukemia," a part of them instantly believes there's no hope and thinks they are already dead. Because they think that they're as good as dead, the lives within them also think that and give up. But, because this is so, it's also how you can help

---

23. Pillar of mind: Similar to *Jujangja*(拄杖子), which is literally a monk's staff, but often implied to mean a grasp or reliance upon our fundamental mind.

그런데 때론 너무 오랜 과거로부터 지은 것이 돼 놔서 여러모로 쌓아 놓은 게 두터운 사람들은 본인 스스로 노력을 정말 많이 하지 않으면 어떻게 해 볼 수가 없어요.

조그마한 거라도 선한 마음의 그릇을 만들지 않으면 담길 게 없고, 그럴 여지도 없어 통신이 되질 않습니다. 전등도 전선의 껍질을 벗겨야 서로 전기가 통해 불이 들어오지 않겠습니까?

그러니까 벌어지는 모든 것들을 가리지 말고 내 근본 자리에 되놓아 자꾸 녹여 없애야만이 가로막는 것들이 사라져 서로 통신이 되어 주고 받을 수 있다는 얘깁니다.

heal that disease. The truth and functioning of one mind is precious beyond words.

This is true for things outside our bodies as well. There is no "can" or "can't" here. This one mind of ours is inherently connected with everything, and has the potential to communicate instantly with anything, anywhere. Because of all this, it can guide and save every single sentient being.

Truly, it can save all beings, but they have to meet it partway. They have to work to break through the layers of what they have made over distant eons. Think of a kind heart as a bowl. If people haven't made even a tiny bowl, they can't receive anything. Not only can't anything be put in their bowl, no communications with this great one mind are possible, either.

To give another example, if you are wiring a lamp, you have to first strip off the layers of plastic on the ends, don't you? If you don't do that, will the light come on? No.

But, when you diligently work at entrusting everything that is confronting you, all of that will be melted down. Those layers will be peeled away, and energy and communications can flow back and forth.

질문자 8 (여): 스님, 저는 3년째 뇌종양을 앓고 있습니다. 계속 병원에 다니긴 하지만 당연히 마음가짐이 중요하다고 생각합니다.

오랫동안 아프다 보니 빨리 낫고자 하는 간절한 마음도 있습니다. 수술을 받는 과정에서도 불심으로 천수경을 외우면서 버텼습니다. 여기 한마음선원에 다닌 지는 한 달도 안 됐습니다. 앞으로 어떤 강한 마음으로 살아가야 되는지 큰스님께서 한 말씀 해 주시면 좋겠습니다.

Questioner 8 (female): Hello. I was diagnosed with a brain tumor three years ago, and although I still have regular hospital visits, it's clear to me that my attitude is critically important.

The last few years have been really hard, and I want to finish with this and quickly recover. Before and after my operation, I was reciting the *Thousand Hands Sutra*,[24] and this helped me get through it. I've been coming to *Hanmaum*[25] Seon Center on a regular basis for only a month, but would you please give me a teaching to help strengthen and steady my mind?

---

24. The Thousand Hands Sutra(千手經): Daehaeng Kun Sunim's translation of this was published in English as *A Thousand Hands of Compassion*(2008). It is a traditional chanting text in Korean Buddhism, but Daehaeng Sunim translated it into Hangul by meaning, and in reciting it, we teach and remind ourselves of the basics of spiritual practice.

25. Hanmaum [han-ma-um]: *Han* means one, great, and combined, while *maum* means mind, as well as heart, and together they mean everything combined and connected as one. What is called *Hanmaum* is intangible, unseen, and transcends time and space. It has no beginning or end, and is sometimes called our fundamental mind. It also means the mind of all beings and everything in the universe connected and working together as one. In English, we usually translate this as *one mind*.

큰스님: 한 달이 됐든 1년이 됐든 그런 건 상관이 없습니다. 우리 모두 뇌 공장이 있는데 대뇌를 통해 몸 전체에 연결되어 나오는 이 모든 거가 과거에 어떻게 살았느냐에 따라 나오는 업보성라고도 볼 수 있고, 유전성이라고도 볼 수 있습니다. 이 모든 걸 있게 한 내 근본과 뗄래야 뗄 수가 없어요.

그러니 모든 것을 자기 주인공에다가 맡겨 놓고 거기서밖에는 낫게 할 수 없다는 믿음을 가지세요. 그러면 그 종양이 점점 줄어들거나 해서 어떤 방식으로든 얼마 안 가서 해결이 날 수도 있습니다.

이번에 샌프란시스코에 갔을 때에 산호세에서 잡지 출판사를 하는 로이라는 분을 만났는데 선원에 1,000불을 시주하면서 하는 말이 아들이 악성종양인지는 수술을 해 봐야 안다고, 다음 날 수술을 하러 간다고 했습니다. 그러면서 어떻게 될지 모른다고 염려를 하길래 제가 이랬습니다. 종양이 작은 것 하나, 큰 것 하나 이렇게 두 개가 있는데 그것을 본인이 관하는 도리로 수술하기 편하게 해 놓을 수가 있다고요. 그러면 수술을 하더라도 간단하게 끝낼 수 있어서 사흘이면

Kun Sunim: It doesn't matter whether you've been coming here for a month or a year. What we've done in the past returns to us. Sometimes it returns as genetics, and sometimes it returns as karma that gets processed through the brain and sent out to the body.

But none of that is separate from this foundation that has made us. So entrust everything back to our foundation, Juingong, and know that it's what can truly sort out your old input and take care of your situation. Then, your tumor may gradually become smaller. But at any rate, before too long, your problems will become better.

This last time I went to San Francisco, I met a man named Roy from San Jose, who was the publisher of a magazine. He had come because he wanted to make a donation of a thousand dollars to the Seon Center. As we talked, he said that his son was suffering from a tumor, and would undergo an operation in the next few days. But, before then, the doctors couldn't know what kind of tumor it was or how severe it was. I took a deep look inside, and told him the following. His son actually had two tumors, one large and one small.

퇴원할 수 있으니 본인 하기에 달렸다고 했습니다. 그러고 나서 며칠 뒤 연락이 왔는데 말한 대로 잘돼서 간단히 처리하고 사흘 만에 퇴원을 해서 나왔답니다.

그러니까 예를 들어 병원에서 30%, 40%를 의사들이 하신다면, 나머지 60%를 충당해야 하는 것은 바로 여러분이 해야 할 몫입니다. 여러분을 끌고 다니는 운전수가 해야 합니다. 그 70%나 60%를 충당하려면 그만큼 자기 주인공을 자기가 믿어야지 누구를 믿습니까? 허공을 믿으라는 게 아니고 어떤 이름이나 형상을 믿으라는 게 아닙니다.

여러분이 계시기 때문에 여기도 오실 수 있었던 거고, 여러분이 계시기 때문에 이렇게 상대도 있고, 세상도 벌어진 거 아니겠습니까? 그러니 여러분을 있게 한 자신의 근본, 주인공을 믿으세요. 여러분들에게 그 능력을 가질 수 있는 모든 재료가 다 있습니다.

But through this practice of entrusting, they could be shrunken, and the operation would go smoothly, with his son being released from the hospital in three days. It would depend upon him.

Some days later, Roy called and said that everything went exactly as I'd said. There were two tumors, both of which were removed without problems, and his son was released three days after the surgery.

Most of the time, doctors can only help you with thirty to forty percent of the problem; you have to take care of the rest. That's your share. The foundation that moves and guides you is where this has to be taken care of. But how can you handle that sixty-odd percent if you aren't looking towards your foundation? Are you going to waste your time believing in some world above the clouds? Are you going to put all your hopes on the actions of other people? Or hope that statues will magically solve your problems?

Believe in your own true self, your foundation. That's what enables you to move. That's the real you. You who came here today. You who interacts with others, who makes your way in the world.

예전에 어떤 분도 목에 암이 생겨 잘 움직이질 못했는데 이 도리를 듣고 자기 주인공에 모든 것을 맡기고 매달려서 결국 세포가 정상으로 움직이고 되살아나 지금은 아이 낳고 잘 살고 있습니다.

그러니 마음을 단단히 잡숫고요, 편안하게 가지십시오. 바깥으로 **관세음보살**(觀世音菩薩)[21]을 찾고 나를 잘되게 해 달라고 끄달린다면 진짜 당신 마음속의 한마음 관세음보살은 당신을 돌볼 수가 없습니다.

질문자 9 (여): 저도 하느라고 공부는 좀 했는데 전에는 좋은 일 나쁜 일이 특별히 없다 보니 내가 잘하고 가는지 점검해 볼 일이 없었습니다.

그런데 이번에 갑자기 췌장암 수술을 하게 됐어요. 수술한 지는 한 달이 못 됐는데 애고가 닥쳐도 재료로 삼으라고 하시는 말씀을 들으니까

---

21. 관세음보살(觀世音菩薩): 세간의 괴로움으로부터 구원을 원하는 소리를 듣고 이에 응하여 고통으로부터 중생을 대자대비한 마음으로 구제하는 보살. 산스크리트로는 아바로키테슈바라(avalokitesvara)인데, 이는 곧 자재롭게 보는 이[觀自在], 자재로운 관찰이란 뜻으로써, 이 세상의 모든 것을 자재롭게 관조하여 보살핀다는 뜻.

Believe in this, your own foundation. You already have all the ability and everything you need right here within you.

A while back, there was someone here who had throat cancer, and was so weak she could barely move. But, learning about this practice, she started entrusting everything to her foundation and relying upon it. As she did this, her cells began to function better, and eventually her life became normal again. Her life is happy now, and she even has a child.

You need to gather your courage and go forward calmly and peacefully. If you're searching outwardly for Avalokitesvara to come help you, your own, inner bodhisattva of compassion can't take care of you.

Questioner 9 (female): I'm glad I can speak with you today. I've always thought my practice was going fine, but it seems like that was just because I never faced any particular challenges. I didn't turn a sharp eye on myself and really look at how I was practicing.

한편으로는 즐겁고 반갑습니다. 그리고 친견하기를 아주 원했었는데 이제 이렇게 친견하게 되어 대단히 감사합니다.

항암제를 한 번 맞았는데 한 달에 한 번씩은 꼭 맞으라고 합니다. 그런데 이 치료가 굉장히 괴로워요. 이런 걸 앞으로 10년간 하라고 하니, 너무 힘들 것 같아서 어떻게 해야 할지 잘 모르겠습니다. 그래서 스님께 이렇게 여쭈어 봅니다.

큰스님: 항암제를 맞든 안 맞든 거기에 신경 쓰지 마세요.

질문자 9: 그렇죠?

큰스님: 몸속에 들어 있는 그 생명체들이 전부 **보살**(菩薩)[22]입니다. 그런데 그것을 모르고 내가 병이 들고, 내가 아프고 이 모든 걸 내가 다 겪어야 한다고 하다 보니 힘든 거예요.

당신 혼자만 끙끙 대지 말고 그 고통을 몸 안에 있는 그 보살님들과 분담을 하세요. '너만이 이 고통을 주지 않을 수 있잖아!' 하고 주인공에

---

22. 보살(菩薩): 위로는 불법을 닦아 깨달음의 지혜를 얻고, 아래로는 중생을 구제하며 그들이 스스로 깨닫도록 도와주는 부처의 화현.

About a month ago, I suddenly had to have an operation for pancreatic cancer. I was scared and worried, but when I heard you say to take everything that comes up and practice with it, that really helped.

I received my first chemotherapy treatments, but the doctors say that I have to get those once a month for the next ten years. But that treatment is really horrible, and I don't see how I can withstand it year after year. So, I wanted to ask you about this.

Kun Sunim: Whether you undergo chemotherapy or not, don't worry about it. You're not the one who's taking care of this.

Questioner 9: I know, but it's hard not to worry.

Kun Sunim: All of the lives within your body are bodhisattvas. But you don't know this, and instead think that it's you who is sick, that it's you who is in pain, that it's you who goes through that hardship. Stop thinking that you have to go through this by yourself; instead, let all of the bodhisattvas within you help share that burden. When you raise the thought that, "Juingong, it's you who can prevent this suffering," and entrust

통신을 보내면 **사대**(四大)[23]로 다 전달이 됩니다. 그러면 아프지 않고 걱정 없이, 그걸 맞으나 안 맞으나 괜찮게 갈 수 있지 않겠습니까?

질문자 9: 감사합니다.

큰스님: 여러분이 자재할 수 있는데도 불구하고 자재할 수 없는 것은 바로 모르기 때문입니다. 여러분은 지수화풍이 바탕으로 이루어져 광력, 전력, 자력, 통신력을 충만히 가지고 있어요. 그러니까 여러분이 가지고 있는 것을 꺼내 쓸 수 있게끔 하세요!

질문자 9: 입원하고 있는 중에도, 수술하러 들어가면서도 주인공을 막 외치고 들어갔었는데 고통은 모르고 넘어갔어요.

큰스님: 허허허...... 더 하셔야죠! 신호가 들어가도록 하세요.

질문자 9: 감사합니다.

큰스님: 아무쪼록 건강하게 사세요. 의학이나 천체물리학이나 과학, 철학, 이 모두가 한마음을

---

23. 사대(四大): 불교에서는 사람의 몸이 지, 수, 화, 풍이라는 네가지 물질적 요소로 성립되었다고 보고 있으므로, 여기에서 사대란 곧, 인간의 신체를 일컬음.

this to your foundation, it will communicate with all the parts of your body. Then, having no pain or worries, whether you receive chemotherapy or not, aren't you doing just fine?

Questioner 9: Thank you so much!

Kun Sunim: Everyone, you all have the ability to take care of absolutely everything, but you're unable to simply because you don't know that you have this ability! Because you are made of earth, water, fire, and air, you are fully endowed with light, energy, magnetism, and can communicate with all the earth, water, fire, and air that exists anywhere. So practice and be able to make use of these abilities!

Questioner 9: As they were preparing me for the operation, I clung desperately to Juingong, and the operation went smoothly, and I didn't have any problems afterwards.

Kun Sunim: That's good! But you have to keep going and be able to communicate with your foundation.

Questioner 9: Thank you.

Kun Sunim: Anyway, please take care of yourself and live a healthy life. Science, philosophy,

떠나서 있는 게 아니죠. 이 공부 하시는 데는 거짓이라는 건 없어요. 자기 근본마음이 알고 있고, 자기 마음이 거짓이라 하면 그대로 그냥 그것뿐이니까요.

질문자 10 (여): 이렇게 뵙게 돼서 반갑습니다. 그리고 이 한마음 도리를 가르쳐 주신 큰스님께 무한한 감사를 드립니다.

다름이 아니라, 제가 친자매처럼 사랑하는 아우가 자궁암에 걸려서 방사선 치료를 받았습니다. 그런데 방사선 치료의 후유증으로 소변이 안 나와서 옆구리에 호스를 끼워 소변을 빼내고 양팔에는 주사를 맞고 있는 상태입니다.

제가 한마음 공부를 해 보라고 책도 사 줬는데 제 생각에는 동생이 공부를 잘하고 있는 것 같습니다.

저도 마음을 내서 같이 관하는데 그 힘이 좀 부족한지 빨리 회복이 안 되고 있습니다. 안타까운 마음에 혹시 스님께서 한마음 내주시면 빨리 완쾌되리라는 생각이 들어 이 자리에 나왔습니다.

medicine, astrophysics – none of these exist apart from your one mind. If you're diligent in your practice, you'll see the results. But there's no deceiving your foundation. If you lie to yourself, nothing will happen.

Questioner 10 (female): Thank you for this chance to see you. I really appreciate your teachings about one mind.

A good friend of mine, who's like my own sister, was recently diagnosed with cervical cancer. The doctors have been treating it with radiation, but as a result, she has problems with her bladder and had to have a catheter with a bag put in. I gave her a book about this practice of one mind, and I think she's doing well at it. I'm entrusting her situation as well, but I guess that still hasn't been enough to help her recover.

I feel sorry for her, and came here with the hope that if you knew about her situation and entrusted it, then she might recover quickly.

큰스님: 이거 보세요. 저는 병원 의사가 아닙니다. 그리고 내 생각엔 안에서 고장 난 것을 안에서 고칠 수 있게끔 안으로 믿음을 갖고 가야 할 텐데 그렇지 못한 것 같습니다.

그런 믿음도 없이 방사선을 쬔다 하면 십분지 칠은 콩팥이나 방광에 문제가 생기고 혈소판 같은 것도 녹아질 수가 있어서 여러 가지 다른 병이 생겨요.

그러니까 병이 하나 생겼을 때 될 수 있으면 몸을 그냥 두고서 그 병을 내 안에서 고칠 수 있다면 더 좋겠지요.

누구나가 다 한 번은 죽습니다. 이왕 죽을 거, 내 몸을 좀 고생 덜 시키고 떠나면 더 좋지 않겠습니까? 어떻게 생각하면 참 딱할 때가 많습니다.

내 근본마음에 대한 믿음을 가져 통신이 돼야 내 안의 생명체들이 작용을 해 줘서 병이 빨리 나을 수 있는 겁니다.

자궁암을 앓고 있다고 오는 사람들한테 내가 가끔 그래요. 그게 뭐 그렇게 대수냐고요. 자기 몸뚱이에서 나온 거라면 자기 몸뚱이에서 고쳐야 되지 않겠습니까? 그분들에게 저는 항상

Kun Sunim: Look, I'm not a doctor. I think you should have faith that if something within you is wrong, then that which can fix it is also within you. But I don't think you do.

When people try to use radiation therapy to treat diseases without relying upon their own foundation, and only chasing after the physical issues, then about seventy percent of the time, they develop kidney or bladder problems, and their blood platelets are destroyed, so that they end up with all kinds of other diseases.

So, should there be a disease in your body, it would be best if you can leave your body alone and instead heal that illness from the inside, through the practice of relying upon your foundation.

Everybody owes a death. As long as you are going to die anyway, why put yourself through all kinds of extra pain? I've seen so many cases like this. What pitiful endings. Wouldn't it be better to peacefully leave your body?

But when you have faith in your foundation, and can communicate with the lives in your body so that they all work together, then, circumstances permitting, that disease can clear up. I've seen

자기 근본에 관하는 도리를 일러 줍니다. 그래도 그 말을 듣고 자기 근본에 맡기면서 노력을 하면 얼마 안 가서 피가 멎고 뭐가 어떻고 하니까, 그게 또 어떻게 됐나 궁금해서 병원에 가 본답니다. 그러면 병원에서 괜찮다고 그런답니다.

그런데 그저 살게 되면 사는 거고 죽게 되면 죽는 건데 왜 그렇게 야단입니까? 헌 옷 벗어 버리고 새 옷 입으면 더 좋지요.

질문자 11 (남): 심성과학 연구와 관련해서 스님께 몇 가지 질문을 올리고자 나왔습니다. 정신병이나 각종 암은 현대 의학에서는 거의 난치 내지는 불치병의 대표적인 것이라고 할 수가 있습니다. 스님께서는 기회 있을 적마다 저희들에게 질병들이 과거의 영계성, 인과성, 유전성의 영향이 많다고 늘 말씀을 하셨습니다. 그리고 실제로 지금 현대 의학이 밝혀낸 바에 의하면 암의 경우에는 많은 부분 정상 세포의 분할을 억제하는 유전자의 기능에 문제가 있다고 밝혀져 있고, 정신분열증의 경우도 신경 전달 물질에 관여하는 어떤 유전자 결함 쪽으로 연구가 많이 진행되고 있습니다.

that happen before with women who had cervical cancer.

"That's not a huge deal," I'd say. "It came from your body, so don't you think this same body should be able to take care of it?" This is why I'm always telling people about how to rely upon their foundation. After hearing this and working at it, as soon as their bleeding stopped, they'd run to the doctor to make sure they were fine. [Sighs.]

Whether you live or die, why such a fuss? When your body is broken down and worn out, wouldn't it be better to trade it in for a new one?

Questioner 11 (male): I'd like to ask you about mental illness and cancer, both of which tend to be very hard to cure. You've often told us that diseases can be caused by ghosts, genetics, and past karma. And in modern medicine, doctors suspect cancer is caused by genetic problems related to cell division. With schizophrenia, they believe the cause may lie with genetic defects related to neurotransmitters. Of course, the effects of things like ghosts and karma would be beyond their ability to detect.

그래서 저는 스님께서 말씀하신 대로 영계성이나 과거의 인과성의 원인이 많을 거로 지금 생각을 하고 있습니다. 스님의 가르침에 의하면 모든 인간이 과거 미생물에서부터 인간이 되기까지 수억겁을 거치면서 서로 먹고 먹히고 쫓고 쫓김을 당하고, 서로 인과(因果)의 **업**(業)[24]을 반복하면서 살아 왔다고 하셨습니다. 그러면 이 자리에 있는 누구든지 다 과거 생에 수억겁을 두고 서로 인과를 주고받았을 텐데 하필 정신병이나 암에 걸리는 사람들은 왜 유난히 그분들만 그런 병에 걸리게 됐는지 저희가 알지 못하는 무슨 깊은 사연이 있는지 여쭙고 싶습니다.

큰스님: 사연이 새록새록 많죠. 자기가 어떻게 했으며, 어떻게 살아왔느냐에 따라서 모두가 일어나는 거니까요. 그것이 나를 해치지 않게 하려면, 그것이 나와 둘이 아니게 돼야 하는데 그러려면 다 같이 하나가 되는 공부를 해야 되는 거죠.

요즘 외국이나 한국이나 어디를 막론해 놓고 비참한 일들이 이루 말할 수 없이 일어납니다.

---

24. 업(業)**:** 몸과 입과 뜻으로 짓는 일체의 행위.

If I've understood you correctly, humans have lived for eons, eating others and being eaten in turn. They've created layer after layer of causes and effects since the time they were microbes. Thus, it seems like there are endless possibilities for those past causes to manifest, yet so many seem to get cancer or mental illnesses. Is there a particular reason for this?

Kun Sunim: The reasons are as different and numerous as the snowflakes that fall from the sky. Every reason is different because we've all lived different lives, and what we experience are the results of that. If you would pass through all of those causes without being hurt by them, then you have to make them one with yourself. You do that by returning everything to just one place.

These days, there are unspeakable tragic things happening around the world, even in Korea, aren't there? They're so terrible, and yet so unbelievably absurd. For example, there were some children playing and something went terribly wrong, and one boy was killed with an iron fire poker. The dead child was reborn in the same village, and later ended up killing the friend who had accidentally

그런데 그것에 모두가 울지도 못하고 웃지도 못해요. 예를 들어 말씀드리겠습니다. 과거 어느 마을에서 애들끼리 놀다가 어떻게 잘못해서 불집게로 애 하나가 죽었단 말입니다. 그런데 그 죽은 애가 이 세상에 다시 나와, 자기를 죽였던 애와 같은 동네에서 살게 됐는데 그 애를 불집게로 쳐서 죽였단 말이에요. 그런 걸 어떻게 처리해야 되겠습니까?

그러니까 인과응보라는 것을 우리가 무시해 버린다면 이 공부하는 가장 쉬운 길을 모르게 되는 겁니다. 인과응보라는 그 자체를 단순하게 말하자면 예를 들어, 내가 고운 말을 하면 상대방에서도 곱게 나오고, 내가 악을 쓰고 욕을 하면 상대방에서도 욕을 하고 나온다 이런 거예요. 그리고 이런 것들로 업보가 생기는 거예요.

하지만 더 근본으로 들어가자면 업보라고 하는 것도, 일들이 벌어지니까 공부하는 재료이자 방편으로 업보라고 이름을 지어서 쓰는 거지 본래 업보라는 자체가 없는 겁니다.

예전에 시골에서 어떤 농사꾼이 길을 가다가 뱀이 새끼들을 낳아 뭉텅이로 있는 걸 보고 그냥 삽으로 척척 쳐서 죽여 버리고, 그 생명들을 우습게

killed him before. And he did it with an iron fire poker.

So, how could they have prevented this? How should it have been handled afterwards? The first step is to acknowledge that cause and effect plays a role. If we ignore this, then we miss one of the most effective ways to practice and awaken.

What is cause and effect? To give a simple example, if you speak gently, then you'll get back gentle words from others. If you yell and swear at others, then in turn you'll be hit by yelling and swearing.

To look at it from an even deeper level, there is no separate thing called "karma." Events just unfold, and for the sake of understanding and practice, the label "karma" was made. But it's not a real, separate thing.

Years ago, there was a farmer who came across a ball of baby snakes, and took a shovel and chopped them up. He would also roast and eat the larger snakes he came across. He did these things because he looked down on them, and thought their lives were worthless. In the old days, there were a lot more people who didn't understand this principle that we are all connected.

생각해 잡아서 구워서 먹는 등 온갖 잔인한 짓을 다 했답니다. 옛날에는 지금보다도 이 도리를 모르는 경우가 더 많았어요.

하지만 뭘 모르고 했다 하더라도 그렇게 한 짓이 어디로 가겠습니까? 자기 자식들이나 자기한테 가죠. 왜냐하면, 바로 영혼이 있기 때문이에요. 영혼의 근본을 안다면 그 사람도 그렇게 하지 않았을 테고, 또 그 뱀도 자기 근본은 모르면서 자기 영혼은 누가 자기한테 해코지를 했는지는 알고 있고 게다가 아프고 죽겠으니까 그렇게 극악하게 그냥 그리로 덤비는 겁니다. 그래서 1년이 지나든지 그 후생이 되든지 시간이 지나 그 인과가 벌어지는 거죠.

그러니 그 인과를 해결하려면 둘 아닌 도리를 알아야 한다는 거예요.

질문자 11: 그러면 그런 정신병이나 암 환자들은 보통 사람보다도 정도가 심한 인과를 더 많이 지었다고 받아들여도 되겠습니까?

큰스님: 그 사람 자체가 살아온 대로니까요.

질문자 11: 알겠습니다.

But even though someone doesn't know this, those actions are input within them and carried around with them. And will eventually come back out, affecting you, or your children. Those snakes, too, have a spirit, and if the farmer had been aware of this foundation that is the source of the snakes' spirit, he wouldn't have hurt them. And if the snakes had been aware of their own foundation, they wouldn't have sought revenge against the farmer. But the snakes were only aware of their pain, and who had hurt and abused them. So their spirit chased after the farmer, wanting to inflict pain and death on him and his family. It might be a year, or another lifetime, before the results of something like that catch up with a person.

This is why you have to know and be able to apply this truth of one mind, and resolve the things you are going through.

Questioner 11: Then, can I understand that those people with severe cancer or mental illness had created a lot more of these kinds of causes than other people?

Kun Sunim: Their existence itself is the result of how they've lived.

Questioner 11: I understand.

큰스님: 그래서 항상 둘 아니게 관하고 둘 아니게 큰마음의 보시를 하라고 하는 겁니다.

예전에 석가모니 부처님께서 어느 바보에게 아무리 말로 가르쳐도 모르니까 빗자루를 하나 주면서 "너는 이 빗자루를 가지고 항상 쓸고 털고 그래라." 하셨답니다.

여러분들도 이 말의 깊은 뜻을 항상 간직하시고 열심히 공부하시기 바랍니다.

감사합니다.

Kun Sunim: So see everything nondually. Entrust it all unconditionally. Let go of all traces of "you" and "I," "good" and "bad," and be generous and giving with absolutely everyone!

Long ago, Sakyamuni Buddha had a disciple who was quite dim-witted. No matter how long the Buddha taught him, he still didn't seem to grasp anything. So, the Buddha gave him a broom and said, "Take this broom, and keep sweeping up everything. Don't miss a spot."

Please keep reflecting on this, and diligently practice returning to your own root.

Thank you.

한마음출판사의 마음을 밝혀 주는 도서

- A Thousand Hands of Compassion
  만가지 꽃이 피고 만가지 열매 익어
  :대행큰스님의 뜻으로 푼 천수경 (한글/영어)
  [**2010 iF Communication Design Award** 수상]
- Wake Up And Laugh (영어)
- No River To Cross, No Raft To Find (영어)
- It's Hard To Say (영어) (절판)
- My Heart Is A Golden Buddha (영어, 오디오북)
- One Mind: Principles (영어)
- Touching The Earth (영어)
- Sharing The Same Heart (영어)
- 생활 속의 참선수행 (시리즈) (한글/영어)
  1. 죽어야 나를 보리라
     (To Discover Your True Self, "I" Must Die)
  2. 함이 없이 하는 도리 (Walking Without A Trace)
  3. 맡겨놓고 지켜봐라 (Let Go And Observe)
  4. 마음은 보이지 않는 행복의 창고
     (Mind, Treasure House Of Happiness)
  5. 일체를 용광로에 넣어라
     (The Furnace Within Yourself)
  6. 온 우주를 살리는 마음의 불씨
     (The Spark That Can Save The Universe)
  7. 한마음의 위력
     (The Infinite Power Of One Mind)

8. 일체를 움직이는 그 자리
(In The Heart Of A Moment)
9. 한마음 한뜻이 되어 (One With The Universe)
10. 지구보존 (Protecting The Earth)
11. 진짜 통하게 되면 (Inherent Connections)
12. 잘 돼야 돼! (Finding A Way Forward)
13. 믿는 만큼 行한 만큼 (Faith In Action)
14. 병을 고치는 최고의 방법
(The Healing Power of Our Inner Light, 2018 new)

- 내 마음은 금부처 (한글 - CD 포함)
- 건널 강이 어디 있으랴 (한글)
- 처음 시작하는 마음공부1 (한글)
- El Camino Interior (스페인어)
- Vida De La Maestra Seon Daehaeng (스페인어)
- Enseñanzas De La Maestra Daehaeng (스페인어)
- Práctica Del Seon En La Vida Diaria (Colección) (스페인어/영어)
  1. Una Semilla Inherente Alimenta El Universo
  (The Spark That Can Save The Universe)
- Si Te Lo Propones, No Hay Imposibles (스페인어)
- 人生不是苦海 (번체자 중국어) (개정판)
- 无河可渡 (간체자 중국어)
- 我心是金佛 (간체자 중국어) (개정판)

해외출판사에서 출판된 한마음도서

- Wake Up And Laugh
  Wisdom Publications, 미국

- No River To Cross
  (*No River To Cross, No Raft To Find* 영어판)
  Wisdom Publications, 미국

- Wie Flieβendes Wasser
  (*My Heart Is A Golden Buddha* 독일어판)
  Goldmann Arkana-Random House, 독일

- Wie Flieβendes Wasser - CD
  (*My Heart Is A Golden Buddha* 독일어판 오디오북)
  steinbach sprechende bücher

- Ningún Río Que Cruzar
  (*No River To Cross* 스페인어판)
  Kailas Editorial, S.L., 스페인

- Umarmt Von Mitgefühl
  ('만가지 꽃이 피고 만가지 열매 익어':
  대행큰스님의 뜻으로 푼 천수경 독일어판)
  Diederichs-Random House, 독일

- 我心是金佛
  (*My Heart Is A Golden Buddha* 번체자 중국어판)
  橡樹林文化出版, 대만

- Vertraue Und Lass Alles Los
  (*No River To Cross* 독일어판)
  Goldmann Arkana-Random House, 독일

- Wache Auf Und Lache
  (*Wake Up And Laugh* 독일어판)
  Theseus, 독일

• Дзэн И Просветление
(No River To Cross 러시아어판)
Amrita-Rus, 러시아

• Sup Cacing Tanah
(*My Heart Is A Golden Buddha* 인도네시아어판)
PT Gramedia, 인도네시아

• Không có sông nào để vượt qua
(*No River To Cross* 베트남어판)
Vien Chieu, 베트남

• Probuď se!
(*Wake Up And Laugh* 체코어판)
(Eugenika, 체코)

• tỉnh thức và cười
(*Wake Up And Laugh* 베트남어판)
Vien Chieu, 베트남

Other Books by Seon Master Daehaeng

English

- Wake Up And Laugh (Wisdom Publications)
- No River To Cross (Wisdom Publications)
- My Heart Is A Golden Buddha (Hanmaum Publications)
  Also available as an audiobook
- Sharing the Same Heart (Hanmaum Publications)
- Touching The Earth (Hanmaum Publications)
- A Thousand Hands of Compassion
  (Hanmaum Publications) [Korean/English]
- One Mind: Principles (Hanmaum Publications)
  ⋆All of these are available in paper or ebook formats

- Practice in Daily Life (Korean/English bilingual series)
  1. To Discover Your True Self, "I" Must Die
  2. Walking Without A Trace
  3. Let Go And Observe
  4. Mind, Treasure House Of Happiness
  5. The Furnace Within Yourself
  6. The Spark That Can Save The Universe
  7. The Infinite Power Of One Mind
  8. In The Heart of A Moment
  9. One With The Universe
  10. Protecting The Earth
  11. Inherent Connections
  12. Finding A Way Forward
  13. Faith In Action
  14. The Healing Power of Our Inner Light(2018 new)

Korean

- 건널 강이 어디 있으랴 (Hanmaum Publications)
- 내 마음은 금부처 (Hanmaum Publications)
- 처음 시작하는 마음공부1 (Hanmaum Publications)

Russian

- Дзэн И Просветление (Amrita-Rus)

German
- Wache Auf und Lache (Theseus)
- Umarmt von Mitgefühl (Deutsch·Koreanisch, Diederichs)
- Wie fließendes Wasser (Goldmann)
- Wie fließendes Wasser - CD (steinbach sprechende bücher)
- Vertraue und lass alles los (Goldmann)

Czech
- Probuď se! (Eugenika)

Spanish
- Ningún Río Que Cruzar (Kailas Editorial)
- Una Semilla Inherente Alimenta El Universo (Hanmaum Publications)
- Si Te Lo Propones, No Hay Imposibles (Hanmaum Publications)
- El Camino Interior (Hanmaum Publications)
- Vida De La Maestra Seon Daehaeng (Hanmaum Publications)
- Enseñanzas De La Maestra Daehaeng (Hanmaum Publications)

Indonesian
- Sup Cacing Tanah (PT Gramedia)

Vietnamese
- Không có sông nào để vượt qua (Hanmaum Publications; Vien Chieu, Vietnam)
- tỉnh thức và cưới (Hanmaum Publications; Vien Chieu, Vietnam)

Chinese
- 我心是金佛（简体字）(Hanmaum Publications, 韩国)
- 无河可渡（简体字）(Hanmaum Publications, 韩国)
- 人生不是苦海（繁体字）(Hanmaum Publications, 韩国)
- 我心是金佛（繁体字）（橡树林文化出版，台湾）

한마음선원본원

경기도 안양시 만안구 경수대로 1282 (석수동, 한마음선원)
(우) 13908
Tel : 82-31-470-3100 Fax : 82-31-470-3116
홈페이지 : http://www.hanmaum.org
이메일 : jongmuso@hanmaum.org

국내지원

강릉지원 (우)25565 강원도 강릉시 하평5길 29 (포남동)
TEL:(033) 651-3003 FAX:(033) 652-0281

공주지원 (우)32522 충청남도 공주시 사곡면 위안양골길 157-61
TEL:(041) 852-9100 FAX:(041) 852-9105

광명선원 (우)27638 충청북도 음성군 금왕읍 대금로 1402
TEL:(043) 877-5000 FAX:(043) 877-2900

광주지원 (우)61965 광주광역시 서구 운천로 204번길 23-1 (치평동)
TEL:(062) 373-8801 FAX:(062) 373-0174

대구지원 (우)42152 대구광역시 수성구 수성로 41길 76 (중동)
TEL:(053) 767-3100 FAX:(053) 765-1600

목포지원 (우)58696 전라남도 목포시 백년대로 266번길 31-1 (상동)
TEL:(061) 284-1771 FAX:(061) 284-1770

문경지원 (우)36937 경상북도 문경시 산양면 봉서1길 10
TEL:(054) 555-8871 FAX:(054) 556-1989

부산지원 (우)49113 부산광역시 영도구 함지로 79번길 23-26 (동삼동)
TEL:(051) 403-7077 FAX:(051) 403-1077

울산지원 (우)44200 울산광역시 북구 달래골길 26-12 (천곡동)
TEL:(052) 295-2335 FAX:(052) 295-2336

제주지원 (우)63308 제주특별자치도 제주시 황사평6길 176-1 (영평동)
TEL:(064) 727-3100 FAX:(064) 727-0302

중부경남 (우)50871 경상남도 김해시 진영읍 하계로35
TEL:(055) 345-9900 FAX:(055) 346-2179

진주지원 (우)52602 경상남도 진주시 미천면 오방로 528-40
TEL:(055) 746-8163 FAX:(055) 746-7825

청주지원 (우)28540 충청북도 청주시 청원구 교서로 109
TEL:(043) 259-5599 FAX:(043) 255-5599

통영지원 (우)53021 경상남도 통영시 광도면 조암길 45-230
TEL:(055) 643-0643 FAX:(055) 643-0642

포항지원 (우)37635 경상북도 포항시 북구 우창로 59 (우현동)
TEL:(054) 232-3163 FAX:(054) 241-3503

Anyang Headquarters of Hanmaum Seonwon

1282 Gyeongsu-daero, Manan-gu, Anyang-si,
Gyeonggi-do, 13908, Republic of Korea
Tel: (82-31) 470-3175 / Fax: (82-31) 470-3209
www.hanmaum.org/eng
onemind@hanmaum.org

Overseas Branches of Hanmaum Seonwon

ARGENTINA
Buenos Aires
Miró 1575, CABA, C1406CVE, Rep. Argentina
Tel: (54-11) 4921-9286 / Fax: (54-11) 4921-9286
http://hanmaumbsas.org

Tucumán
Av. Aconquija 5250, El Corte, Yerba Buena,
Tucumán, T4107CHN, Rep. Argentina
Tel: (54-381) 425-1400
www.hanmaumtuc.org

BRASIL
São Paulo
R. Newton Prado 540, Bom Retiro
Sao Paulo, CEP 01127-000, Brasil
Tel: (55-11) 3337-5291
www.hanmaumbr.org

CANADA
Toronto
20 Mobile Dr., North York, Ontario M4A 1H9, Canada
Tel: (1-416) 750-7943
www.hanmaum.org/toronto

GERMANY
Kaarst
Broicherdorf Str. 102, 41564 Kaarst, Germany
Tel: (49-2131) 969551 / Fax: (49-2131) 969552
www.hanmaum-zen.de

THAILAND
Bangkok
86/1 Soi 4 Ekamai Sukhumvit 63
Bangkok, Thailand
Tel: (66-2) 391-0091
www.hanmaum.org/cafe/thaihanmaum

USA
Chicago
7852 N. Lincoln Ave., Skokie, IL 60077, USA
Tel: (1-847) 674-0811
www.hanmaum.org/chicago

Los Angeles
1905 S. Victoria Ave., L.A., CA 90016, USA
Tel: (1-323) 766-1316
www.hanmaum.org/la

New York
144-39, 32 Ave., Flushing, NY 11354, USA
Tel: (1-718) 460-2019 / Fax: (1-718) 939-3974
www.juingong.org

Washington D.C.
7807 Trammel Rd., Annandale, VA 22003, USA
Tel: (1-703) 560-5166
www.hanmaum.org/wa

책에 관한 문의나 주문을 하실 분들은
아래의 연락처로 문의해 주십시오.

한마음국제문화원/한마음출판사
경기도 안양시 만안구 경수대로 1282 (우)13908
전화: (82-31) 470-3175
팩스: (82-31) 470-3209
e-mail: onemind@hanmaum.org
hanmaumbooks.org

If you would like more information about these books or would like to order copies of them, please call or write to:

Hanmaum International Culture Institute
Hanmaum Publications
1282 Gyeongsu-daero, Manan-gu, Anyang-si,
Gyeonggi-do, 13908,
Republic of Korea
Tel: (82-31) 470-3175
Fax: (82-31) 470-3209
e-mail: onemind@hanmaum.org
hanmaumbooks.org